DESCRIPTION

DES PRINCIPALES

ARTILLERIES ÉTRANGÈRES

PAR

M. E. JOUFFRET

Capitaine d'Artillerie, Adjoint au professeur du Cours d'artillerie
À l'École d'application de l'artillerie et du génie

TOME PREMIER

ARTILLERIES PRUSSIENNE, AUTRICHIENNE ET ANGLAISE

FONTAINEBLEAU

ÉCOLE D'APPLICATION DE L'ARTILLERIE ET DU GÉNIE

1873

DESCRIPTION

DES PRINCIPALES

ARTILLERIES ÉTRANGÈRES

PAR

M. E. JOUFFRET

Capitaine d'Artillerie, Adjoint au professeur du Cours d'artillerie
à l'École d'application de l'artillerie et du génie

TOME PREMIER

ARTILLERIES PRUSSIENNE, AUTRICHIENNE ET ANGLAISE

FONTAINEBLEAU

ÉCOLE D'APPLICATION DE L'ARTILLERIE ET DU GÉNIE

1873

ARTILLERIE PRUSSIENNE

I. Bouches a feu. — Généralités sur les bouches à feu. — Canons rayés. — Fermetures de culasse : système Wahrendorff, système Kreiner, système Krupp. — Données numériques. — II. Affûts et voitures. — Affûts et voitures de campagne; affûts de siége. — III. Projectiles. — Projectiles lancés par les bouches à feu lisses; par les bouches à feu rayées. — Données diverses. — IV. Effets du tir. — Rapidité; justesse; force vive; zone dangereuse; effets d'éclatement. — V. Organisation. — Sur le pied de paix; sur le pied de guerre.

I

BOUCHES A FEU (¹).

L'artillerie prussienne comprend des bouches à feu *de campagne, de siége, de place* et *de marine;* le tableau sui-

(¹) Depuis le 1er janvier 1872, l'Allemagne emploie le système métrique, et le calibre des bouches à feu n'est plus désigné que par le diamètre de l'âme exprimé en centimètres. Mais pour faciliter la lecture des ouvrages militaires allemands écrits avant cette époque, on indique ici la valeur des mesures dont il y est fait usage.

Longueurs et poids. — L'unité de longueur qu'on trouve dans ces ouvrages est le *pied du Rhin,* valant 0ᵐ,3138; il est divisé en 12 *pouces* (") et le pouce est divisé en cent *centièmes;* les distances y sont généralement exprimées en pas de 2 pieds 4 dixièmes = 0ᵐ,753; 10000 de ces pas font un *mille prussien.*

L'unité de poids est la *livre métrique* adoptée en 1858 par le Zollverein allemand; elle se divise en 30 *loths,* et 100 livres font un *centner.* — Le tableau suivant facilitera la conversion de ces mesures en mesures françaises.

TABLE DE CONVERSION DES							
PAS EN MÈTRES.		PIEDS EN MÈTRES.		POUCES EN MILLIM.		LOTHS EN GRAMMES	
1	0,753	1	0,314	1	26,15	1	16,67
2	1,506	2	0,628	2	52,30	2	33,33
3	2,250	3	0,942	3	78,46	3	50,00
4	3,012	4	1,255	4	104,60	4	66,67
5	3,760	5	1,569	5	130,70	5	83,33
6	4,510	6	1,883	6	157,00	6	100,00
7	5,270	7	2,196	7	183,00	7	116,67
8	6,020	8	2,510	8	209,00	8	133,33
9	6,770	9	2,824	9	235,00	9	150,00
10	7,530	10	3,139	10	261,50	10	166,67

Calibre. — Le calibre était le poids exprimé par un nombre rond de livres, du

ART. ÉTRANG. 1

vant fait connaître leur dénomination actuelle et le métal avec lequel elles sont fabriquées :

DE CAMPAG.	Canon de 8ᶜ, en acier fondu (canon de 4),	
	» de 9ᶜ, » » » (canon de 6).	
DE SIÉGE...	Canon de 9ᶜ en acier fondu,	
	» de 12ᶜ en bronze,	
	» court de 15ᶜ en bronze,	
	» de 15ᶜ en acier fondu, en bronze ou en fonte ;	
	Mortier de 21ᶜ, en bronze (mortier rayé de 8 pouces),	
	» lisse de 15ᶜ en bronze,	
	» » de 23ᶜ en bronze et en fonte,	
	» » de 28ᶜ id.	
DE PLACE..	Canon de 9ᶜ en fonte et en acier fondu,	
	» de 12ᶜ en fonte et en bronze,	
	» de 15ᶜ id. id.	
	Canon lisse de 7ᶜ en fonte et en bronze,	
	» » de 9ᶜ id. id.	
	» » de 12ᶜ en bronze (ancien canon de campagne);	
	Obusier de 23ᶜ en fonte,	
	» de 28ᶜ id.	
	Mortiers déjà cités, plus un mortier à fût (Schaftmœrser) et un mortier à main (Handmœrser), en bronze.	
DE MARINE .	Canons de 8ᶜ en bronze ou en acier, — de 9ᶜ en bronze, — de 12ᶜ en fer, — de 15ᶜ en fer, — de 15ᶜ de marine fretté, court et long, en fer, — de 15ᶜ de marine, en acier, — de 15ᶜ fretté, — de 21ᶜ court de marine, en bronze, — de 21ᶜ fretté, court et long, en acier, — de 24ᶜ court et long, en acier, — de 26ᶜ fretté, — de 28ᶜ fretté, — de 36ᶜ (ancien 1000).	
	Canons lisses de 12ᶜ et de 15ᶜ, en bronze, dits canons de chaloupe, — de 16ᶜ nᵒˢ I à IV, — de 17ᶜ nᵒˢ I à IV.	
	Canons à bombes de 20ᶜ, — de 20ᶜ anglais nᵒˢ I à III.	

ARTILLERIE (spanning all groups in left margin)

OBSERVATIONS. — Tous les canons et mortiers dont la désignation n'est pas accompagnée du mot *lisse* sont rayés et se chargent par la culasse. — On n'a pas fait entrer dans le tableau deux espèces de bouches à feu lisses qui paraissent avoir été déclassées depuis peu, savoir : le *canon à bombes* (Bombenkanone) et l'*obusier* (Haubitze). C'étaient des intermédiaires entre le canon et le mortier, le premier se rapprochant davantage du canon par sa longueur d'âme, ses épaisseurs de métal, sa charge de tir et la tension de la trajectoire; le second, au contraire, se rapprochant davantage du mortier. Adoptées en 1858 et destinées au tir d'enfilade ou au tir plongeant, ces bouches à feu, au nombre de *deux* de chaque espèce, étaient en fer, des calibres de 25 et 50 livres (224ᵐᵐ,7 et 287ᵐᵐ,6).

Il y a lieu de signaler sur les formes et les proportions des bouches à feu les particularités suivantes.

boulet en fonte pour les *canons*, et du *boulet en pierre* pour *toutes les autres espèces de bouches à feu.*
Pour les canons, les calibres désignés dans ce système par les chiffres
3, 4, 6, 12, 24, 36, 72, 96 livres
correspondent respectivement à ceux de
7, 8, 9, 12, 15, 17, 21, 24 centimètres,
dans la nouvelle dénomination; pour les mortiers, les calibres de 7, 25 et 50 livres correspondent à 15, 23 et 28 centimètres.

Longueur d'âme. — La longueur totale de l'âme est de 17 à 22 calibres pour les canons (excepté pour les canons courts de 12ᶜ et de 15ᶜ, qui n'ont que 12 à 13 calibres); elle est de 2 calibres et demi pour les mortiers lisses et de 5 et demi pour le mortier rayé. Les mortiers lisses ont une chambre cylindrique de 1 calibre de long, terminée par une demi-sphère et se reliant avec l'âme par une portion de sphère.

Prépondérance. — La prépondérance de culasse, pour les canons, est de $\frac{1}{12}$ à $\frac{1}{15}$ du poids total de la bouche à feu.

Lumière. — La lumière est toujours perpendiculaire à l'axe de la pièce; elle est à un pouce (26ᵐᵐ) du fond de l'âme pour les canons lisses et à 3 pouces pour les canons rayés. Pour les mortiers, elle aboutit à l'origine de la partie arrondie qui forme le fond de la chambre.

Épaisseurs. — L'épaisseur du métal est, au tonnerre, de 0,7 à 0,9 du calibre pour les pièces lisses en bronze, et de 1 à 1,2 pour celles en fonte; à la volée elle n'est plus que de $\frac{1}{2}$ à $\frac{1}{3}$ de ce qu'elle est au renfort. Pour les canons rayés les épaisseurs sont :

	CANONS en fonte.	CANONS en bronze.	CANONS en acier fondu.
Au renfort	1,25	0,60	0,60
A l'endroit le plus mince	0,50	0,40	0,30

Mortiers. — Le mortier à fût (petit mortier de 78ᵐᵐ de diamètre monté sur un fût d'environ un mètre de long) et le mortier à main n'ont pas de tourillons; ils font corps avec une semelle sur laquelle leur axe est incliné à 45°; les autres mortiers lisses ont leurs tourillons à l'extrémité de la culasse, d'où résulte une prépondérance de volée presque égale au poids total de la bouche à feu; celui de 28ᶜ, adopté en 1861 sous le nom de mortier de 50, présente, comme particularité à signaler, de petites saillies au nombre de six, situées à l'intérieur sur l'arrondissement qui relie l'âme avec la chambre; elles sont destinées à amener forcément le centre de la bombe dans l'axe du mortier et, en même temps, à ménager autour d'elle un espace annulaire par lequel les gaz passent pour venir mettre le feu à la fusée.

CANONS RAYÉS.

Métal des canons. — Les canons rayés sont : en acier fondu pour le service de campagne; en acier fondu et en bronze pour le service de siége ; en bronze et en fonte pour le service de place ([1]).

L'acier fondu a l'avantage d'offrir une résistance bien plus grande, ce qui permet de réduire les épaisseurs de métal et de dépenser en augmentation de la longueur d'âme le bénéfice ainsi réalisé sur le poids de la pièce. C'est ce qui a été fait; si l'on compare, par exemple, les canons de 4 de campagne des artilleries prussienne autrichienne, française, on voit que leurs calibres sont de $78^{mm},1 - 81^{mm},2 - 86^{mm},5$ et qu'ils pèsent 65 fois, 72 fois, 80 fois le poids de leur projectile oblong respectif; le canon prussien est donc relativement plus léger que les autres, et cependant sa longueur d'âme est de 22 fois et demie son calibre, tandis que pour les deux autres, la longueur est seulement de 15 et de 16 fois.

Forme de l'âme. — Tous les canons rayés de l'artillerie prussienne se chargent par la culasse. La partie postérieure de l'âme est lisse et d'un diamètre un peu plus grand que la partie antérieure qui est comme un écrou à pas très-allongé; nous donnerons, comme on le fait pour les canons se chargeant par la bouche, aux creux la dénomination de *rayures*, et aux filets ou reliefs celle de *cloisons*.

Le projectile est recouvert d'une enveloppe en plomb dont le diamètre est le même que celui de l'âme au fond

---

[1] Les canons de 6 de place en acier fondu (v. le tableau ci-dessus) appartiennent à des modèles qui n'ont pas été reconnus propres au service de campagne auquel ils étaient destinés primitivement ; on n'en construit pas de nouveaux.

des rayures; lorsque l'explosion de la charge le chasse en avant, cette enveloppe est entaillée par les cloisons, et le projectile, ainsi complètement forcé dans l'âme, prend son mouvement de rotation comme le font les balles dans les armes portatives. La partie lisse, qui a seulement la longueur nécessaire pour recevoir le projectile et la charge, est reliée avec la partie rayée, par une portion tronconique sur laquelle les cloisons prennent naissance : elles commencent ainsi par une sorte de biseau et leur pénétration dans l'enveloppe se fait graduellement.

Profil des cloisons. — Rayure en coin. — Le profil des cloisons est un trapèze à angles arrondis. Dans les bouches à feu dont la construction est la plus récente, leur largeur n'est pas uniforme ; elle est moindre à la naissance et va en augmentant jusqu'à la bouche du canon où elle devient environ une fois et demie plus grande (voy. planche I, figure 1). Cette disposition, appelée *rayure en coin*, assure la régularité du forcement et celle du mouvement de rotation, car le projectile se trouve ainsi toujours en contact intime avec les flancs des cloisons, tandis que dans le cas où ceux-ci sont parallèles, les flancs des rainures creusées sur sa surface s'usent par le frottement et il arrive à la bouche de la pièce avec un certain jeu.

Le tableau suivant fait connaître les principales données relatives aux rayures :

BOUCHES A FEU.	FORME des rayures.	PAS		INCLINAISON.	PROFONDEUR en millimètres.	NOMBRE.	OBSERVATIONS.
		en mètres.	en calibres.				
de 8e.........	en coin.	3,77	48	3°45'	1,3	12	Pour les rayures en coin, le pas et l'inclinaison sont mesurés sur le flanc antérieur, c'est-à-dire celui qui principalement conduit le projectile et correspond au flanc de tir des canons se chargeant par la bouche.
de 9e.........	parallèles.	4,70	52	3°29'	1,3	18	
de 12e.........	en coin.	4,70	39	4°35'	1,3	18	
court de 15e....	en coin.	5,70	45	4°00'	1,6	24	
de 15e en acier fondu	en coin ...	7,80	52	3°25'	1,6	24	
de 15e en bronze et en fonte....	parallèles.	9,40	62	2°50'	1,6	13	
Mortier de 21e	en coin.	5,35	25	7°00'	2,6	30	

FERMETURE DE CULASSE.

Trois systèmes sont employés pour la fermeture de
culasse : le système *Wahrendorff*, appelé fermeture à
piston (*Kolbenverschluss*), le système *Kreiner* plus ou moins
modifié, appelé fermeture à coins (*Keilverschluss*), enfin
le système *Krupp*, appelé fermeture à coin cylindro-prismatique (*Rundkeilverschluss*). Le premier est le plus ancien
(1861); le second a été appliqué à toutes les bouches à
feu de l'artillerie de terre construites depuis 1864 ; le troisième n'a été appliqué d'abord qu'aux plus gros calibres
(marine), mais il paraît devoir entrer aussi dans l'artillerie
de campagne, et est actuellement en service dans le régiment d'artillerie de campagne du 12e Corps d'armée.

FERMETURE A PISTON.
(Pl. I, fig. 2.)

Ce mode de fermeture se trouve dans le canon de 9^c de
campagne, dans une partie des canons de 9^c de place en
acier fondu, enfin dans les canons de 9^c et de 15^c en fonte
construits en 1862. Il se compose des pièces suivantes :

1° Un piston en fer forgé (pl. I, fig. 2b et 2c); sa tête
cylindrique est garnie d'une plaque en acier fondu (a_1) qui
forme le fond de l'âme; le corps, terminé latéralement par
des faces planes, est percé de deux ouvertures, l'une circulaire dans laquelle passe la pièce dont on va parler,
l'autre elliptique ayant simplement pour objet d'alléger le
système. Ce corps prismatique traverse une ouverture de
même forme pratiquée dans une portière qui ferme la
bouche à feu et se termine au dehors par une vis a.

2° Un cylindre (fig. 2e et B fig. 2b) en acier fondu,
mobile dans une mortaise M (fig. 2, a) qui traverse la
bouche à feu de part en part; l'ouverture du piston correspond à cette mortaise et le cylindre, agissant à la façon
d'un verrou, le maintient très-solidement. Le cylindre se
termine du côté droit par une poignée b, sous laquelle est

un disque mobile b_1 muni d'un crochet; ce disque, d'un diamètre un peu plus grand que celui du cylindre, et relié à la bouche à feu par une chaîne N qu'on agrafe à son crochet, empêche d'enfoncer ou de sortir le cylindre plus qu'il n'est nécessaire.

3° Une portière en bronze (primitivement en fonte) reliée à la bouche à feu par une charnière dont la goupille est représentée en C; elle a un vide intérieur dans lequel se loge la tête cylindrique du piston lorsqu'il est entièrement tiré; on peut alors faire tourner tout le système, le rabattre du côté gauche de la pièce, démasquer ainsi l'entrée de l'âme et y introduire le chargement.

4° Une manivelle en fer forgé (fig. 2 f, et D fig. 2 b); elle se compose de deux bras dont l'un est terminé par une boule, d'un col et d'un plateau qui s'appuie par l'intermédiaire d'une rondelle en cuir, sur la face postérieure de la portière; elle est percée d'un écrou dans lequel passe la vis qui termine le piston, et une clavette E limite le mouvement qu'on peut lui donner vers l'arrière. Cette manivelle sert d'abord de poignée pour enfoncer ou retirer le piston, et ensuite, lorsque le cylindre transversal B est en place, à serrer fortement l'une contre l'autre ces deux parties essentielles de la fermeture; à cet effet, on tourne la manivelle de manière à ramener complètement le piston contre le cylindre, et le bras qui est muni d'une boule doit alors se trouver à droite et un peu plus bas que l'axe de la vis. Il est indispensable que cette position soit réalisée lorsqu'on fait feu, sans quoi le piston, repoussé en arrière par l'explosion, viendrait choquer violemment le cylindre et pourrait le fausser ou se briser lui-même.

Obturateur en carton. — Comme le piston doit avoir du jeu pour qu'il soit possible de le retirer ou de l'enfoncer, il ne suffirait pas pour fermer hermétiquement le fond de la chambre et empêcher toute fuite de gaz; la fermeture est complétée au moyen d'un obturateur en carton (*Pressspahnboden*) (planche I, fig. 3) en forme de fond de bouteille qui, pressé par les gaz contre la tête du piston et les portions adjacentes de l'âme, bouche le vide existant autour du piston ; il est percé en son milieu d'un trou qui permet de l'enlever plus facilement après le tir. Pour les gargousses destinées au tir de plein fouet des pièces de campagne, cet obturateur est collé contre le culot ; dans tous les autres cas il est séparé de la gargousse.

FERMETURE A COINS.
(Pl. II, fig. 10, 11, 12.)

Dans ce système, la pièce de fermeture se compose de deux coins en acier fondu, appliqués l'un contre l'autre suivant leurs faces obliques et formant par leur réunion un prisme à section rectangulaire ; ce prisme, dans lequel le plan de joint est perpendiculaire aux faces inférieure et supérieure, est introduit dans une mortaise horizontale de même forme qui traverse de part en part l'arrière du canon, et sa face antérieure forme le fond de l'âme. En déplaçant l'un par rapport à l'autre les deux coins qui composent ce prisme, on peut, à volonté, augmenter ou diminuer son épaisseur : — par l'augmentation d'épaisseur, on le serre très-fortement contre les faces antérieure et postérieure de son logement : il fait alors, pour ainsi dire, complètement corps avec la bouche à feu, et au moment du tir il n'éprouve pas de chocs dans son logement, chocs qui le briseraient infailliblement ; — par la diminution d'épaisseur, on lui rend le jeu qui est nécessaire pour qu'on puisse le retirer tout d'une pièce, ouvrir la bouche à feu et introduire le chargement. Afin qu'il ne soit pas nécessaire de le sortir tout à fait, les deux coins, ou seulement l'un d'eux, portent sur leur prolongement une ouverture circulaire qui a le diamètre de l'âme et qui vient se placer de manière à former avec celle-ci un cylindre unique. Quant au mouvement relatif des deux coins, il est obtenu au moyen d'une vis ou d'une manivelle qui sont toujours adaptées au coin de derrière : aussi celui-ci s'appelle souvent le *coin mobile*. Sur la face antérieure du coin de devant et noyée dans son épaisseur, est fixée une plaque en acier qui forme le fond de l'âme et peut se remplacer facilement en cas de rupture ; cette plaque a deux oreilles qui débordent les faces supérieure et inférieure du prisme et glissent dans des rainures pratiquées dans les parois de la mortaise ; elle est tantôt pleine et tantôt évidée, et ces deux formes correspondent à deux systèmes d'obturation qui sont appliqués l'un ou l'autre suivant le cas. Dans le premier système, à plaque pleine, l'obturation est faite par un culot en carton semblable à celui qui a été décrit pour le canon de 9e; dans le second système, la plaque présente un évidement d'un diamètre un peu plus grand que celui de l'âme ; sur le pourtour de cet évidement, est appliqué un anneau en cuivre (planche I, fig. 4) ayant pour section un triangle rectangle dont l'hypoténuse est tournée vers le milieu de la plaque ; au moment du tir, les gaz dilatent cet anneau, l'appliquent fortement contre le joint et se ferment ainsi toute issue.

Tel est le principe de la fermeture à coins. Il est réalisé sous des formes différentes dans chaque espèce de bouche à feu ; on peut néanmoins ramener toutes ces formes à trois types principaux, qui se trouvent : 1° dans le canon de 8e de campagne, modèle 1864, et dans le canon de 9e construit à la même époque comme pièce de campagne, mais classé depuis dans le service de place (¹); 2° dans les canons rayés de siége et de place autres que celui dont nous venons de parler (12e et 15e en bronze, 15e en acier fondu, 9e et 15e en fonte); 3° dans le canon de 8e de campagne, modèle 1867.

1° Fermeture modèle 1864 pour le canon de 8e de campagne. —

(¹) L'explosion de quelques-unes de ces pièces fit conserver le canon de 6, modèle 1861, pour le service de campagne, et, en classant la nouvelle bouche à feu dans le service de place, on réduisit sa charge minimum de 1 livre 4 dixièmes à 1 livre 2 dix.

La partie postérieure de la pièce, qui renferme le mécanisme de fermeture et qu'on appelle le *renfort carré* (*der Vierkant*) a la forme d'un parallélipipède dont les arêtes et les coins sont arrondis ; elle se raccorde par des arcs de cercle avec la volée qui est conique ; la mortaise présente deux rainures antérieures *aa* (planche II, fig. 10 *b* et 10 *c*) dans lesquelles glissent les oreilles de la plaque en acier, et deux rainures postérieures *bb* dans lesquelles glissent des languettes assez larges portées par le coin de derrière. Le coin de devant (planche II, figure 10 *c*) est recourbé vers l'arrière à son extrémité gauche, et cette portion recourbée, qu'on appelle le *nez*, embrasse la tige de la manivelle. Le logement creusé sur la face antérieure pour recevoir la plaque, présente une cheville *d* qui pénètre dans un trou pratiqué dans le derrière de celle-ci et en assure la stabilité. — La plaque est pleine et par conséquent l'obturation se fait au moyen du culot en carton ; la bouche à feu est toujours accompagnée d'une plaque pleine de rechange et en outre, d'une plaque évidée avec anneau expansif en cuivre ; cette dernière n'est employée qu'en cas de besoin, c'est-à-dire lorsque les deux plaques pleines sont hors de service ou que les obturateurs en carton font défaut. Le bord droit du logement de la plaque est en effet trop faible pour résister sûrement à la pression qui, dans ce mode d'obturation, s'exerce sur lui perpendiculairement : il est arrivé plusieurs fois qu'il a cédé et que les gaz, agissant alors sur le coin du devant pour le pousser du côté gauche et sur celui de derrière pour le pousser du côté droit, ont détérioré le mécanisme tout entier et la bouche à feu elle-même.

Le coin de derrière (planche II, figure 10 *d*), beaucoup plus long que celui de devant, porte à son extrémité droite l'ouverture cylindrique qui doit, pour le chargement, faire communiquer ensemble les deux parties de l'âme ; cette ouverture, appelée *fausse âme*, n'est autre chose qu'une sorte de gaîne en fer forgé, vissée dans le prolongement du coin ; elle a une petite mortaise *f* dans laquelle, quand les coins sont desserrés, se loge un tenon porté par le coin de devant. Du côté opposé à la fausse âme, le coin se termine par une vis qui s'engage dans la tige de la manivelle. Au milieu de la face supérieure du coin est creusée une gorge *g* dans laquelle pénètre l'extrémité d'une vis d'arrêt *V* (planche II, figure 10 *c*) traversant la paroi supérieure du renfort carré ; lorsqu'on tire le mécanisme, cette vis arrête le mouvement juste au moment où la fausse âme vient correspondre à l'âme du canon. Lorsqu'on veut sortir les coins tout à fait, on n'a qu'à dévisser la vis d'arrêt *V* ; mais il est rare qu'on ait besoin de les sortir, au moins pendant la durée du tir ; un dégorgement *D* pratiqué sur la face gauche du canon, permet, lorsque le mécanisme est dans la position du chargement, de voir entièrement la plaque d'acier et de l'essuyer après chaque coup.

Manivelle. — La manivelle est en bronze et a deux bras qui sont creux pour plus de légèreté. Elle a un triple objet à remplir : 1° elle sert à serrer les coins ou à les desserrer ; 2° elle sert de poignée pour manier le mécanisme tout entier, soit qu'il s'agisse de le retirer ou de l'enfoncer ; 3° enfin elle arrête le mécanisme au point convenable d'enfoncement par son embase *P* qui vient buter contre la face gauche du renfort carré. Cette embase est circulaire sur tout son pourtour, excepté en une portion où un segment de cercle a été enlevé ; une pièce fixée sur le renfort, dite *pièce d'arrêt*, se recourbe en équerre de son côté et en recouvre le bord, à moins qu'on n'ait justement amené en face d'elle cette portion rectiligne ; on ne peut donc tirer la manivelle que lorsqu'elle est dans une position déterminée qui est celle correspondant à un desserrage convenable des coins, et il n'y a pas à craindre que le mécanisme, glissant malgré le serrage, s'ouvre tout seul pendant les marches.

En dedans de l'embase, la manivelle présente un col c qu'embrasse la partie recourbée du coin de devant, et un épaulement K qui sert à compléter avec la mortaise f l'assemblage des deux coins; toute cette portion de la manivelle forme un écrou dans lequel engrène la vis du coin postérieur.

Jeu de l'appareil. — Lorsque la pièce est fermée et les coins serrés, les bras de la manivelle sont horizontaux et le centre de la plaque d'acier est sur l'axe de la pièce. Si on fait faire à la manivelle trois quarts de tour, on aura amené vis-à-vis de la pièce la partie rectiligne de l'embase, le coin de derrière se sera déplacé vers la gauche, celui de devant se sera porté vers l'arrière, et sa face antérieure ne pressera plus contre la bouche à feu. On pourra alors tirer le mécanisme et exécuter le chargement.

Cadre. — Un cadre en bronze R (planche II, fig. 10 c) fixé par quatre vis sur le côté droit de la pièce, entoure l'orifice de la mortaise dans laquelle se meuvent les coins; il sert à préserver de tout choc les arêtes de la mortaise et la portion des coins qui dépasse dans la position de fermeture.

2° Fermeture de culasse dans les canons de siége et de place (pl. II, fig. 11). — Dans les pièces de siége et de place construites en 1864 et 1865, on a apporté au mécanisme que nous venons de décrire quelques modifications de détail ayant pour but d'augmenter la solidité. Le coin de devant est aussi long du côté droit que celui de derrière : le trou de chargement n'est donc plus constitué par un entonnoir vissé dans ce dernier coin, mais par deux ouvertures pratiquées dans les deux coins et se correspondant lorsque le mécanisme est tiré. Du côté gauche le coin de devant est plus long que celui de derrière, au moins dans le canon de 12° qui est celui représenté planche II, figure 11, et son nez rejeté tout à fait au dehors de la pièce, entoure en entier le col de la manivelle; c'est l'embase de ce nez et non plus celle de la manivelle qui limite l'enfoncement des coins. La vis d'arrêt qui sert à limiter leur sortie, est placée, non plus sur la paroi supérieure mais sur la paroi postérieure de la pièce. La manivelle est reliée au coin postérieur par une disposition inverse de celle déjà décrite, c'est-à-dire que l'écrou est creusé dans le coin et que la vis est formée par un prolongement de la tige de la manivelle; les bras, qui ne sont plus dans le prolongement l'un de l'autre, sont en fer forgé et sertis sur un manchon fixé par une clavette à l'extrémité de cette tige. L'obturation se fait exclusivement au moyen de l'anneau expansif en cuivre. Dans les pièces en bronze, une bague h en acier fondu, d'environ 3 centimètres de large, est encastrée dans le bronze et forme la paroi cylindrique du fond de la chambre.

3° **Fermeture modèle 1867 pour le canon de 8° de campagne** (planche II, fig. 12). — En 1867, on a modifié, pour les nouvelles pièces à construire, le mécanisme du canon de 8° de campagne, reconnu décidément trop faible, et on a adopté un modèle ressemblant beaucoup à celui des pièces de siége et de place. Le coin de devant, en fer forgé, est prolongé du côté droit comme celui de derrière et il le dépasse du côté gauche; le manchon qui sert à fixer la manivelle sur la tige s'ouvre à sa partie inférieure en forme de cloche et recouvre le tout. La base circulaire de cette cloche a, sur son pourtour, une portion rectiligne pq qui doit se trouver en face de la pièce d'arrêt pour qu'on puisse ouvrir le mécanisme; de l'autre côté, elle a des dents qui occupent environ 1/3 de la circonférence; quand le mécanisme est fermé, on engage dans une de ces dents un loquet l qui empêche la manivelle de tourner toute seule par l'effet des secousses produites en marche. — Le coin de derrière, en fer forgé dans quelques pièces, en acier fondu dans d'autres, a ses arêtes fortement arrondies. — La vis d'arrêt est remplacée par une tige en acier et un ressort à boudin traversant la partie postérieure de la

pièce. L'obturation se fait comme dans le système de 1864 ;
le coin de devant ayant été allongé dans les deux sens, on
pourrait sans danger employer exclusivement la plaque
avec anneau expansif ; mais on y a renoncé pour raison
d'uniformité. Dans les marches, et quand on n'a pas besoin
de se tenir prêt à tirer, on enlève complètement le mécanisme et on le remplace par une pièce en bois de même
forme ; en outre on recouvre la culasse toute entière avec
une coiffe en cuir, afin que la poussière ne puisse pas
s'introduire dans la mortaise.

SYSTÈME KRUPP.
(Pl. II, fig. 13.)

Dans le système Krupp, la fermeture est opérée par un
coin unique, mobile dans une mortaise dont la section
verticale est arrondie à l'arrière suivant un demi-cercle,
et dont la section horizontale est un trapèze ayant sa base
antérieure perpendiculaire à l'axe de la bouche à feu et
sa base postérieure légèrement oblique à cet axe. Le coin
est une pièce en acier de même forme ; vers son extrémité
droite, il est percé de part en part d'un trou qui constitue
la fausse âme, et dont l'avant est garni d'une couronne en
bronze *M* ; grâce à une dent qui glisse dans une rainure
inférieure *s*, légèrement oblique, cette couronne s'avance,
lorsqu'on tire le coin, de manière à supprimer toute solution
de continuité entre la fausse âme et l'âme du canon. Du
côté gauche et à l'arrière, le coin a une excavation servant
de logement à la *vis de fermeture D* ; la tête de cette vis
traverse une plaque *F* vissée contre la face gauche du
coin, et une manivelle *G* y est appliquée ; son écrou cylindrique *E* présente des bourrelets parallèles, qui ne règnent que sur une moitié de la circonférence, et auxquels
correspondent des excavations de même forme *O*, creusées dans la paroi postérieure de la mortaise. Le coin étant
dans la position de tir, si on fait tourner la manivelle de

la droite vers la gauche, la pression exercée par la vis
contre la plaque F le forcera de se desserrer ; alors
l'écrou D sera desserré aussi et tournera avec la vis jusqu'à ce qu'il soit arrêté par une dent H, placée de telle
sorte que l'arrêt se produise lorsque les bourrelets seront
complètement sortis de leurs logements O, en présence
desquels sera venue une partie lisse du cylindre. Pour
les petits calibres, on amène alors le coin à la position de
chargement, comme dans le système Kreiner, en tirant
la poignée G qui, dans ce cas, est fixée à demeure sur la
tête de la vis; pour les pièces de très-gros calibre, le
mouvement se produit au moyen d'une deuxième vis B,
à pas très-allongé, dont l'écrou est creusé dans la partie
supérieure de la mortaise et sur laquelle on transporte la
manivelle G, alors mobile.

Dans ce système de fermeture, l'obturation est toujours
produite avec l'anneau *Broadwell*, le plus efficace des
moyens connus jusqu'à ce jour. L'anneau Broadwell, représenté plus en grand (planche II, figure 14), est logé,
non pas dans une excavation de la plaque d'acier S, mais
dans une fraisure creusée à l'orifice du canon. L'expansion
des gaz applique son bord extérieur gg contre cette fraisure et sa base contre la plaque S; trois petites gorges
circulaires creusées sur cette base diminuent les chances
de fuite, car un filet gazeux arrivant dans l'une d'elles y
trouve tout à coup un espace relativement très-considérable qui lui fait perdre sa tension et l'empêche d'aller
plus loin; on a, en effet, reconnu à *posteriori* que si les
gaz pénètrent quelquefois dans la gorge la plus rappro-
chée du centre, ils n'arrivent jamais dans la plus éloignée.

DIMENSIONS PRINCIPALES

DES

BOUCHES A FEU PRUSSIENNES.

Le tableau suivant fait connaître les principaux éléments relatifs aux bouches à feu de l'artillerie prussienne. (Ce qui concerne les rayures a été donné plus haut.)

BOUCHES A FEU.	DIAMÈTRE de l'âme, en millimètres.	Longueur d'âme, en calibres, chambre non comprise.	POIDS EN KIL., y compris la pièce de fermeture.	DÉSIGNATION et poids du projectile principal, en kilogrammes.	Rapport du poids de la pièce à celui du projectile principal.
Canon de 8ᶜ ac. fondu f. à coins	78,5	19	290	obus— 4,25	70
Canon de 9ᶜ id. f. à coins	91,5	16,8	425	obus— 6,29	61
id. f. à piston	91,5	17,5			
Canon de 9ᶜ en fonte f. à piston	91,5	.	675	obus— 6,29	97
id. f. à coins	91,5	17			
Canon de 12ᶜ bronze f. à coins	117,7	18	900	obus—14,5	59
Canon de 15ᶜ fonte f. à piston	149,0	15,5	2810		
id. f. à coins	149,0	15	2500	obus—28,58	88 à 100
Canon de 15ᶜ bronze f. à coins	149,0	15,5	2625		
Canon de 15ᶜ ac. fondu f. à coins	149,0	15,5	2525		
Mortier de 21ᶜ bronze f. à coins	209,0	5,5	1800	obus—80	20,25
Canon lisse de 7ᶜ bronze, fonte	78,2	19	225	boulet—1,4	160
Canon lisse de 9ᶜ id.	91,5	17	400	boulet—2,8	135
Canon lisse de 12ᶜ en bronze	117,7	12,5	450	obus— 4,45	100
Mortier lisse de 15ᶜ en bronze	148,8	1,5	75	bombe— 7,3	10,5
Mortier lisse de 23ᶜ en bronze	226,4	1,5	434	bombe—30,0	14
id. en fonte	226,4	1,5	510	bombe—30,0	18
Mortier lisse de 28ᶜ en bronze	287,6	1,5	800	bombe—60,0	13
id. en fonte	287,6	1,5	980	bombe—60,0	16

II.

AFFÛTS ET VOITURES.

Les affûts de campagne et de siége adoptés en Prusse n'ont pas de flèche; ils se composent de deux flasques longs et parallèles, dont les extrémités forment la crosse. Ces flasques sont reliés entre eux par des boulons et des entretoises; dans leur intervalle est installé l'appareil de pointage et souvent il y a un coffret.

Ce système d'affût, qui n'est autre que le système Gribeauval, et qui est adopté aussi en Saxe, en Bavière, en Autriche, en Russie, etc., a, relativement au système à flèche, les désavantages suivants : 1° la crosse est plus lourde, d'où il suit que les petits déplacements latéraux nécessités par le pointage sont moins rapides, que les mouvements d'ôter et de remettre l'avant-train se font moins facilement, que la pression de l'arrière-train sur le crochet cheville-ouvrière est plus considérable, etc.; 2° le corps de voiture est plus large, d'où il suit que pour ne pas diminuer le tournant, il faut faire les roues de l'avant-train plus basses que celles de l'arrière-train, disposition qui est moins favorable pour le tirage. En revanche, le système présente les avantages qui suivent : 1° il est dans de meilleures conditions pour résister à l'action du tir, parce que, dans les affûts à flèche, on est obligé d'affaiblir celle-ci par le logement de l'écrou de la vis de pointage, à moins qu'on ne la compose de deux demi-flèches séparées; 2° il permet de pointer la pièce sous des angles beaucoup plus grands, puisque la culasse peut descendre entre les flasques.

Les affûts destinés au service des canons rayés sont du modèle 1864 et au nombre de cinq, savoir : les affûts de campagne de 8ᶜ et de 9ᶜ, les affûts de siége de 9ᶜ, de 12ᶜ et de 15ᶜ.

AFFUTS ET VOITURES DE CAMPAGNE.

Les affûts de campagne ont la forme représentée planche III, figure 15 *a*. Les particularités qui présentent le plus d'intérêt sont les suivantes :

1° *Appareil de pointage* (planche III, fig. 16). La culasse de la bouche à feu repose sur un coussinet en bois *A* fixé au-dessus d'une tige creuse en fer *B* ; celle-ci peut tourner autour d'un axe de rotation horizontal placé derrière l'entretoise de devant et formé par deux boulons situés sur le prolongement l'un de l'autre ; ces boulons traversent les têtes de deux fourches dont les branches supérieures sont assemblées avec le haut, et les branches inférieures avec le bas de la tige *B* ; ces deux dernières se prolongent en arrière de la tige et s'articulent avec le bout de la vis de pointage. La vis de pointage est double : elle se compose d'une vis extérieure en fer forgé et d'une vis intérieure en acier fondu, à laquelle la première sert d'écrou ; c'est avec la vis intérieure que s'articule l'appareil que nous venons de décrire. La vis extérieure traverse un écrou qui repose sur les flasques par deux tourillons maintenus au moyen de susbandes ; elle se termine à sa partie supérieure par une roue horizontale portant une petite poignée verticale. Les deux vis sont filetées au même pas, et en sens contraire l'une de l'autre : il en résulte que la vis intérieure fait un pas hors de la vis extérieure, lorsque celle-ci descend elle-même d'un pas dans son écrou, ce qui double la vitesse angulaire avec laquelle l'axe de la bouche à feu se déplace dans l'opération du pointage. Cet appareil, particulièrement la double vis qui en forme la base essentielle, a été inventé par un nommé *Mallet*, et proposé par lui à l'amirauté anglaise, en 1856 et

1858 (¹); il est plus compliqué et plus lourd que les autres dispositifs, mais l'opération du pointage est plus rapide; en outre la vis n'éprouve, au moment où le coup part, qu'un effort dirigé suivant son axe et, par suite, n'est pas exposée à se fausser.

2° *Siéges pour les servants* (planche III, fig. 15 *a* et *d*). Dans l'affût de 8°, deux siéges sont placés sur l'essieu, entre les flasques et les roues. Chacun d'eux se compose d'une carcasse en fer, fixée par trois supports, dont deux sont sur l'essieu et un sur le tirant en fer qui unit l'essieu aux flasques; ces supports consistent en une tige verticale maintenue par un étrier qui embrasse l'essieu ou le tirant, et entourée par des cylindres en caoutchouc, alternant avec des rondelles en fer : on a voulu atténuer ainsi l'effet des fortes trépidations que les siéges doivent éprouver aux allures vives, mais il paraît qu'on n'y a réussi qu'imparfaitement. La carcasse est formée par une bande de fer bifurquée, dont le sommet et les deux branches sont assemblés à clavette à l'extrémité des tiges des supports; les deux branches se replient par le bas et sont reliées par une traverse formant marchepied. Le siége lui-même est formé par une feuille de tôle fixée sur ces branches par des rivets; il fait face du côté de la bouche de la pièce; il a un dossier formé de baguettes verticales dont les intervalles sont remplis par un treillage en cuivre, et dont les extrémités supérieures sont réunies par une barre horizontale; ce dossier est plus élevé du côté de la roue, et sa hauteur devient nulle près du flasque. Deux poupées, revêtues en caoutchouc et fixées, l'une sur la tête du flasque, l'autre à la partie la plus avancée du dossier du côté de la roue, fournissent un appui à l'homme qui est assis

---

(¹) On lit dans l'*Engineer* du 17 décembre 1869 : « The combination was at that date not only new to military purposes, but was absolutely new to mechanics as a mechanical expedient, being radically distinct from Hunter's screw or of any other then known combination of screws. It was however reported against as not new by the select Committee. Those designs were, after some time, published by Mr Mallet, and here we have his plan adopted by the Prussian government without even mention of the inventor's name. »

sur le siége. L'essieu est en acier fondu et cylindrique ; il a des méplats pour les brides d'assemblage avec les flasques, et pour les étriers des supports de siége. Les servants assis sur les siéges forment avec trois autres, assis sur l'avant-train, tout le personnel strictement nécessaire, pour l'exécution du feu ; comme il y a quarante-huit coups dans le coffre de l'avant-train, on voit que la pièce peut se porter au trot à une assez grande distance du caisson, et se suffire à elle-même pendant un certain temps.

3° *Roues* (planche III, fig. 17). Le moyeu des roues est en bronze ; les rais, au nombre de douze, sont serrés entre deux disques, l'un mobile, l'autre venu de fonte avec le corps du moyeu ; leurs extrémités se touchent toutes et remplissent entièrement l'espace compris entre ces deux anneaux ; ceux-ci sont reliés entre eux par douze boulons qui traversent les rais. Ce mode d'assemblage des rais permet de leur donner plus d'épaisseur à la patte, puisqu'on n'est pas limité par les dimensions de la mortaise ; il permet encore, ce qui paraît constituer un avantage sérieux, de remplacer un rai sans avoir à démonter l'ensemble des jantes.

Avant-train. — L'avant-train ne présente rien de particulièrement remarquable ; l'attelage est à six chevaux. Les deux trains sont réunis par le système à contre-appui.

Autres voitures. — Le caisson (*Munitionswagen*) et les autres voitures de campagne (*Vorrathswagen*, chariot ; *Feldschmiede*, forge), comprises sous la dénomination commune de *Administrations-Fahrzeuge*, sont des modèles 1842, 1864 et 1869. Le caisson porte un coffre unique, assez large, dont le chargement sera donné plus loin. La voie de toutes les voitures de campagne est de 1^m,53.

AFFUTS DE SIÉGE.

Les affûts de siége pour les canons rayés de 9^c, 12^c et 15^c ont la forme représentée planche III, figure 18. Les flasques sont en bois; les tourillons de la bouche à feu ne sont pas logés dans les flasques eux-mêmes, mais dans des armatures en fer, appelées *hausses de flasque*, qui les élèvent à environ $1^m,50$ de hauteur. Chacune de ces armatures se compose d'un montant qui a, à peu près, la direction de la tête du flasque et d'un arc-boutant qui est incliné d'environ 45° vers l'arrière. Dans l'affût de 12^c et celui de 15^c, la bouche à feu a une *position de route* différente de la *position de tir*; l'encastrement des tourillons, pour la première position, est marqué sur le flasque en M. L'appareil de pointage se compose de deux bras en fer qui peuvent tourner autour d'un axe situé au-dessus des tourillons, et embrassent, à leurs extrémités, un coussinet K en bronze; celui-ci, qui supporte la culasse de la bouche à feu, est formé de deux morceaux entre lesquels existe une cavité sphérique; la vis de pointage a, au-dessus de la roue à manivelle, une tête en forme de boule qui s'engage dans cette cavité; elle est simple et traverse un écrou qui porte sur les flasques par deux tourillons autour desquels il peut tourner. On a adopté, en 1865, un avant-train en fer pour l'affût de 12^c.

L'affût du mortier rayé de 21^c se compose de deux flasques réunis par des boulons et des entretoises, surmontés chacun d'un *support de tourillon* en fer forgé analogue à celui qui vient d'être décrit. A l'avant se trouve un essieu en fer forgé, traversé par deux vis verticales et mobiles de bas en haut dans des coulisses. Pour la marche, il est le plus bas possible; en faisant tourner les vis, les faces inférieures des flasques s'approchent peu à peu du sol et les roues finissent par être soulevées; on les retire alors, et l'affût se trouve dans la position de tir.

III.

PROJECTILES.

———

PROJECTILES LANCÉS PAR LES BOUCHES A FEU LISSES.

Les bouches à feu *lisses* lancent :

    des *boulets* (canons);

    des *obus* ou des *bombes* (canons courts, obusiers, mortiers);

    des *shrapnels* ou obus à balles (canon court de 12ᶜ);

    des projectiles *incendiaires* et des projectiles *éclairants* (obusiers et mortiers);

    de la *mitraille* (canons et obusiers, mortier de 28ᶜ).

Obus et bombes. — La capacité *intérieure* des obus et des bombes présente des formes très-variables : tantôt elle est *sphérique* et *concentrique* à la surface extérieure, comme dans la planche III, figure 22 ; tantôt elle est *sphérique* et *excentrique*, comme dans la planche III, figure 23 ; tantôt enfin, comme dans la planche III, figure 20, elle est *excentrique* et *ellipsoïdale*, forme qui permet d'augmenter davantage la distance des centres. Dans les deux derniers cas, le diamètre, qui passe par les centres des surfaces intérieure et extérieure, s'appelle *l'axe de l'obus;* les points où il rencontre la surface extérieure s'appellent les *pôles*, et celui des deux pôles qui est le plus éloigné du centre de gravité, est marqué d'un coup de poinçon; la lumière en est distante d'un quart de circonférence. L'obus est relié à la charge de manière que la lumière forme le sommet de la cartouche et, par suite, que le pôle en question soit sur la partie cylindrique ; en chargeant la pièce, on a soin de le placer en dessus, de manière à

faire prendre à l'obus un mouvement de rotation autour
d'un axe perpendiculaire au plan de la trajectoire, de
dessous en dessus pour l'hémisphère antérieur, mouvement qui a pour effet d'augmenter la portée (1).

Shrapnel. — Le shrapnel de 12ᶜ, qui est représenté par
la planche III, figure 21, et qui est le seul projectile sphérique de ce genre, a deux ouvertures taraudées : l'une,
destinée à recevoir la fusée, est placée sur le prolongement d'une chambre cylindrique intérieure R qui contient
la charge d'éclatement; l'autre est placée sur le grand
cercle perpendiculaire à cette chambre et sert à introduire
les balles. Ce projectile est du modèle 1831-46; il lui a
été adapté, en 1863, une fusée à durée métallique.

Enfin le canon lisse de 12ᶜ et celui de 15ᶜ peuvent
lancer un projectile particulier appelé *projectile-turbine* ou
Demontirgeschoss. Il est de forme cylindro-conique, garni
de cannelures, terminé par une pointe très-obtuse, et
fortement évidé du côté opposé à la tête; dans l'intérieur
de celle-ci sont creusés quatre canaux en hélice, prenant
naissance au fond de l'évidement et venant déboucher sur
la surface cylindrique. Les gaz, en sortant par ces évents,
impriment au projectile un mouvement de rotation autour
de la direction du mouvement. Adopté avant l'introduction des canons rayés, mais encore réglementaire en
Prusse, ce projectile était destiné surtout à agir contre le
matériel; il a donné de très-bons résultats jusqu'aux distances de 7 ou 800 mètres; au delà sa vitesse de rotation
est trop diminuée et la trajectoire devient tout à fait
irrégulière.

---

(1) Pour que la rotation d'un pareil projectile soit stable, il faut qu'elle ait lieu,
soit autour du grand axe d'inertie, soit autour du petit axe, et la stabilité sera plus
grande si elle a lieu autour de celui de ces deux axes qui diffère le plus de l'axe
moyen. Dans les projectiles prussiens, elle a toujours lieu autour du grand axe,
mais la différence entre celui-ci et l'axe moyen y étant moindre que la différence
entre l'axe moyen et le petit axe, la construction n'est pas irréprochable au point
de vue théorique. Voyez pour plus de détails sur cette question : « Die excentrische
Granate mit sphärischer und ellipsoïdaler Höhlung, sowie deren zweckmässigste
Construction, mathematisch-artilleristische Studie, von Pflister, Leipzig, 1870 ».

Vent. — Le vent des projectiles est de :

0ᵖᵒ,10 pour les canons,

0ᵖᵒ,09 à 0ᵖᵒ,12 pour les mortiers.

PROJECTILES LANCÉS PAR LES BOUCHES A FEU RAYÉES.

Les bouches à feu rayées lancent :

un *obus ordinaire* (Granate) pour tous les calibres;

un *shrapnel* pour les calibres de 8ᶜ, 9ᶜ, 12ᶜ et 15ᶜ;

une *boîte à mitraille* pour les calibres de 8ᶜ et de 9ᶜ;

un *projectile massif*, en fonte dure, pour les calibres de 15ᶜ et au-dessus ; sa forme extérieure est semblable à celle de l'obus ordinaire.

1º OBUS ORDINAIRE.

L'obus ordinaire (planche I, figure 5), se compose essentiellement, pour tous les calibres, d'un noyau en fonte revêtu, sur une partie de son pourtour, d'une enveloppe en métal mou dont le plomb est la base. Il affecte la forme d'un cylindre droit terminé d'un côté par un culot plat et surmonté de l'autre, d'abord d'une étroite zône tronconique, puis d'une tête ovoïde. La partie cylindrique est formée, à la partie inférieure, par le pourtour extérieur du culot, et sur le reste de sa hauteur, par l'enveloppe en métal mou, sur laquelle se présentent des bourrelets au nombre de 4 (5 dans les premiers modèles construits). Ces bourrelets ont la forme de bandes cylindriques aux angles fortement arrondis, et leur diamètre extérieur est celui de l'âme au fond des rayures. Lorsque le projectile est en place dans le canon, sa partie tronconique correspond au raccordement de même forme qui unit la chambre avec la partie rayée, le premier bourrelet porte contre la naissance des cloisons et s'offre ainsi à leur action immédiate ; dès que commence le mouvement, celles-ci, dont la tête en biseau a d'abord peu de largeur relativement au pourtour total de l'âme, pénètrent facilement dans le métal mou des bourrelets, le séparent sur les côtés de manière à ce qu'il remplisse la cavité des rayures, et le refoulent en même temps devant elles de façon que le métal en excès se loge dans les intervalles ménagés entre les bourrelets.

On voit qu'il doit exister certaines relations entre la largeur des rayures, celle des cloisons, le volume des bourrelets et leur espacement. Si le volume des bourrelets est insuffisant, les rayures ne seront pas remplies, la formation des filets sur le projectile sera imparfaite et le forcement incomplet; s'il est trop considérable, il restera, après que les rayures auront été remplies, une certaine quantité de métal mou qui ne trouvera plus à se loger dans l'intervalle des bourrelets, et cette surabondance aura pour résultat d'occasionner des pressions nuisibles, peut-être même l'arrachement de l'enveloppe. Une mesure convenable paraît avoir été obtenue à cet égard dans les projectiles prussiens; on en voyait plusieurs à l'Exposition de 1867 que l'on avait fait passer dans l'âme du canon comme dans une filière, et qui présentaient, sur leur surface, des filets hélicoïdaux d'une grande régularité.

Pose de l'enveloppe. — L'enveloppe en métal mou est fixée sur le noyau de la manière suivante : le noyau présente, sur sa partie cylindrique, des bourrelets à section trapézoïdale qui répondent aux bourrelets extérieurs de l'enveloppe et doivent servir d'appui à celle-ci; ils ne règnent pas d'une manière continue sur tout le pourtour du noyau, ce qui aurait l'inconvénient de diviser l'enveloppe en bandes mal reliées entre elles, mais ils sont interrompus sur une largeur égale à leur hauteur en quatre points diamétralement opposés deux à deux. Pour poser l'enveloppe, on se sert d'un moule composé de deux coquilles demi-cylindriques, mobiles autour d'une charnière verticale; le noyau est placé, dans ce moule, debout sur son culot; on referme sur lui les coquilles et on verse le métal mou par un trou de coulée.

Les obus ordinaires renferment une charge de poudre qui les remplit entièrement et dont le poids est donné dans un tableau qu'on trouvera plus loin; on peut remplacer une partie de cette charge par des tubes *incendiaires*, et alors le projectile prend le nom d'*obus incendiaire* (*Brandgranate*); ces tubes, qui ont 2 pouces de longueur sur un demi-pouce de diamètre, renferment une composition dont la combustion est très-vive et dure de 15 à 20 secondes; ils sont projetés au moment où le projectile éclate et mettent le feu aux matières combustibles dans le voisinage desquelles ils tombent. Les obus de 8ᶜ en reçoivent ordinairement quatre; ceux de 9ᶜ, six; ceux de 12ᶜ, huit, et ceux de 15ᶜ, douze. Jusque dans ces derniers temps, les coffres à munitions des batteries de compagne renfermaient toujours un certain nombre d'obus incendiaires : trois flammes rouges peintes sur leur tête distinguaient ces obus de ceux ne renfermant que de la poudre.

Moyens par lesquels s'obtient l'éclatement des obus ordinaires.

Pour l'obus de 15ᶜ et ceux des calibres supérieurs, lorsqu'ils sont tirés contre des plaques en fer, on ne met pas de fusée percutante, mais un simple bouchon à vis: dans ce cas l'élévation de température engendrée par le ralentissement très-considérable qu'éprouve le projectile dans un temps très-court, suffit, comme on le sait, pour déterminer l'inflammation spontanée de la poudre.

Dans les autres cas, l'inflammation de la charge explosive est obtenue au moyen d'une fusée qui est toujours percutante pour les obus ordinaires, et qui est organisée de la manière suivante (voy. planche I, figure 6).

L'œil du projectile se compose de deux parties : la partie supérieure est taraudée en écrou, et la partie inférieure, d'un diamètre un peu moindre, est alésée; au-dessus du ressaut, il y a un trou qui traverse la tête du projectile et qui est dirigé suivant une corde du cercle de l'œil.

On place dans le cylindre inférieur un godet en laiton

(planche I, figure 6 *d*) dont les bords reposent sur le ressaut et dont le fond est percé d'un trou recouvert d'une toile fine ; dans ce godet est logé le *percuteur* (planche I, figure 6 *c*), cylindre creux en bronze muni à sa partie supérieure d'une aiguille. Cette aiguille fait partie d'une plaque découpée à l'emporte-pièce comme le montre la figure, et logée dans une rainure pratiquée à la partie supérieure du canal du percuteur. Le percuteur est maintenu en place par une clavette en cuivre à tête massive, qu'on introduit par le trou dont il a été question plus haut.

La partie taraudée de l'œil reçoit une première vis en laiton, taraudée elle-même pour recevoir la *vis porte-amorce* (*Zündschraube*) fig. 6 *b* ; celle-ci a son ouverture en dessous et en face de la pointe de l'aiguille ; elle renferme la même composition fulminante que les amorces des cartouches de fusils, mélange à parties égales de sulfure d'antimoine et de chlorate de potasse,

Le jeu de cette fusée est facile à comprendre. Lorsque le projectile sort de la pièce, la force centrifuge développée par son mouvement de rotation chasse la goupille, et le percuteur devient libre de se porter en avant ; c'est ce qu'il fait, en vertu de l'inertie, aussitôt que le projectile frappe contre un obstacle : l'aiguille enflamme alors la composition fulminante, et la flamme, suivant le canal du percuteur, se communique à la charge de l'obus après avoir percé la toile qui forme le fond du godet.

Le trou de la goupille de sûreté et celui qui reçoit la vis porte-amorce sont fermés pendant le transport par des bouchons en papier qu'il faut enlever au moment du tir pour mettre ces pièces en place. C'est un inconvénient, mais la fusée n'en a guère d'autre et elle fonctionne très-bien : dans des expériences faites à Vienne en 1869, elle a donné de 3 à 4 0/0 de ratés. Toutefois on a cru constater, dans des tirs exécutés contre des ouvrages en terre ou en maçonnerie, que l'éclatement a lieu avant que le projectile ait atteint son maximum de pénétration ; dans des expériences récentes, faites à Magdebourg, les Prussiens ont cherché à parer à cet inconvénient, soit en allongeant le percuteur et remplissant son canal avec de la poudre en grains, soit en remplaçant l'amorce par une autre composition moins vive.

2° SHRAPNEL
(Pl. I, fig. 7).

Dans le shrapnel, on a cherché à obtenir une capacité intérieure plus grande que celle de l'obus ordinaire, en diminuant l'épaisseur des parois et en ne mettant pas de bourrelets sur le noyau en fonte : l'enveloppe, qui est elle-même plus mince que celle de l'obus ordinaire, est fixée sur le noyau par le procédé suivant, inventé par l'anglais Bathley-Britten, et employé en Angleterre pour les projectiles du système Armstrong. Après avoir bien nettoyé la surface du noyau, d'abord mécaniquement, puis en le chauffant au rouge sombre et le plongeant dans une dissolution de sel ammoniac, on le trempe successivement dans un bain de zinc et dans un bain de plomb; le zinc s'unit très-intimement, d'une part avec la fonte et d'autre part avec le plomb, et il est ensuite impossible d'arracher séparément une portion quelconque de l'enveloppe. Le projectile, une fois sorti du bain, est porté sur un tour où un couteau, découpé suivant un profil convenable, lui donne, en une seule fois, la forme définitive.

Chargement. — Les shrapnels renferment :

celui de 8ᶜ : 90 balles de pistolet, en plomb, à 17 $^{gr.}$

— 9ᶜ : 180   id.   id.

— 12ᶜ : 242 balles de fusil, en plomb, à 33 $^{gr.}$

— 15ᶜ : 462   id.   id.

Pour faire le chargement, on commence par placer suivant l'axe du projectile un mandrin cylindrique en bois, terminé en pointe à sa partie supérieure, afin qu'il reste dans l'œil un espace suffisant pour l'introduction des balles : le diamètre de l'œil est d'ailleurs beaucoup plus grand pour le shrapnel, tronqué à la base de l'ogive, comme le montre la figure 7, planche I, qu'il ne l'est pour l'obus ordinaire. On introduit les balles en les secouant de temps en temps afin qu'elles se tassent convenablement, et au début on vérifie avec soin, après chaque secousse, la position centrale du mandrin; après avoir introduit toutes les balles, on coule du soufre pour remplir les interstices; quand ce soufre est refroidi, on retire le mandrin, qui a dû être préalablement bien imprégné d'huile afin que l'adhérence ne soit pas trop forte; on le remplace par un tube en laiton contenant la charge explosive; et enfin, on visse la fusée dans l'œil.

Moyens par lesquels s'obtient l'éclatement des shrapnels.

Les shrapnels sont toujours armés d'une fusée à durée il y en a deux modèles, l'un pour le matériel de siége, l'autre pour celui de campagne.

1er Modèle (siége). — Il se compose de quatre parties principales, savoir: un corps de fusée, un disque contenant la composition fusante, une pièce à oreilles contenant une amorce fulminante, et un écrou de serrage.

1°. *Corps de fusée* (planche I, figures 8 et 8b). — Le corps de la fusée est fileté à sa partie inférieure pour être vissé dans l'œil du projectile; son dessus a la forme d'un plateau circulaire entouré d'un rebord légèrement saillant; au centre de ce plateau, s'élève un arbre en laiton A autour duquel se placent toutes les autres pièces qui composent la fusée et dont l'ensemble, de forme ovoïde, complète la tête du projectile. A une distance déterminée du bord, est une ouverture quadrangulaire O, conduisant à une chambre intérieure C qui est pleine de poudre et débouche à la base du corps de fusée, c'est-à-dire dans l'intérieur du projectile; une rondelle de cuir, percée elle-même en O, est collée sur la surface du plateau.

2° *Disque à composition* (planche I, figure 8a). — Sur la face inférieure du disque, est creusée une rainure annulaire *r* qui en fait *presque* tout le tour et dans laquelle se trouve tassée la composition fusante ; cette rainure a un rayon tel que, quand le disque est posé sur le plateau, elle passe au-dessus de l'ouverture *O* de la chambre à poudre : ses différents points viendront correspondre successivement à cette ouverture si l'on fait tourner le disque autour de l'arbre. Sur la face supérieure du disque, s'ouvre un évidement d'une profondeur peu inférieure à la hauteur totale du disque, et d'un diamètre un peu moindre que celui de la rainure à composition ; le bord de cet évidement présente deux échancrures opposées *e,e'*; son fond est percé d'un trou central pour le passage de l'arbre *A*, et porte une aiguille *a* à une certaine distance de celui-ci. A hauteur du fond, est un trou latéral *d* qui s'ouvre sur la face conique du disque ; une des extrémités de la composition débouche en *S*, par sa partie la plus profonde, dans une des parois de ce trou ; l'autre extrémité arrive tout près de la paroi opposée, mais en est séparée par une cloison.

3° *Pièce porte-amorce.* — La pièce porte-amorce (planche I, figure 8 *c*), faite avec un alliage d'antimoine et d'étain très-cassant, se place dans la partie évidée et porte par deux oreilles dans les échancrures *e* et *e'*; sa position est déterminée par ces échancrures de telle sorte que l'amorce fulminante, logée dans une cavité de la face inférieure, se trouve au-dessus et à une certaine distance de l'aiguille *a*. Il suffit du choc que reçoit le projectile, au moment où l'explosion de la charge le pousse en avant, pour que les oreilles soient rompues et que la composition fulminante s'enflamme en venant frapper la pointe de l'aiguille. Afin que la rupture des oreilles ne puisse pas se produire par des chocs accidentels, on introduit une clavette en bois dans le trou latéral *d* (fig. 8 *a*); cette clavette, représentée en *K* dans la coupe générale, et à part (planche I, figure 8 *d*), soulève un peu la pièce d'amorce et c'est seulement lorsqu'elle est retirée, que les oreilles touchent le fond des échancrures; on la retire, au moment de charger, au moyen d'un trou qu'elle présente à son extrémité extérieure et dans lequel on introduit un crochet porté par la clef de manœuvre dont il sera question plus bas. On voit tout de suite que, l'amorce une fois enflammée, le feu se mettra à la composition fusante par son extrémité S, se propagera par tranches successives dans la rainure annulaire et, en arrivant au-dessous de l'ouverture O, passera dans la chambre à poudre, puis dans l'intérieur du projectile; le temps au bout duquel l'éclatement aura lieu sera d'autant plus grand que l'arc intercepté entre S et O sera lui-même plus grand, et on peut, en tournant convenablement le disque, obtenir une durée quelconque, depuis une valeur presque nulle jusqu'à celle qui correspond à la longueur totale de la rainure. Le réglage se fait au moyen d'une graduation, en secondes et dixièmes de seconde, inscrite sur la face extérieure du disque : on amène vis-à-vis d'un index gravé sur le bord du corps de fusée le chiffre correspondant à la distance du but.

4° *Écrou de serrage.* — Le disque est recouvert d'une plaque en laiton percée d'un trou hexagonal correspondant à la forme de l'arbre en ce point; par-dessus cette plaque est un écrou qui se visse sur l'extrémité de l'arbre, taraudée à cet effet. Quand on veut régler la fusée, il faut commencer par donner du jeu afin de pouvoir tourner le disque; pour cela, on desserre l'écrou au moyen d'une clef de manœuvre dont les branches s'introduisent dans les trous p et p'; on le serre ensuite de nouveau, et la feuille de laiton interposée ne permet pas que le disque soit entraîné avec lui. Ce serrage a pour objet non-seulement de rendre invariable la position du disque autour de l'arbre, mais encore de l'appliquer fortement contre la rondelle en cuir qui ferme à la fois le dessus du corps de fusée et la paroi inférieure du canal fusant : sans cela, la flamme s'infiltrerait entre les surfaces de joint et se communiquerait prématurément à la chambre à poudre.

IIe Modèle (campagne). — La fusée pour les shrapnels de campagne est construite suivant les mêmes principes, seulement l'appareil percutant, au lieu d'être logé dans un évidement ménagé *autour* de l'arbre central, l'est *dans l'intérieur même* de cet arbre (planche 1, figure 9). A hauteur de la pointe de l'aiguille, celui-ci est percé de six ouvertures débouchant dans une gorge circulaire sur laquelle débouche aussi, d'autre part, un prolongement *d'* (fig. 9*a*) du trou désigné ci-dessus par *d*: c'est ainsi que la flamme produite par l'explosion de l'amorce peut se communiquer à la première tranche de la composition fusante. Au-dessus du disque est l'écrou de serrage et, par-dessus celui-ci, un *chapeau*, appelé *Bolzenschraube*, qui forme la partie supérieure de l'arbre central et dans le sommet duquel est assujettie, par ses deux oreilles, la pièce porte-amorce. L'arbre est ainsi composé de deux parties, et la partie supérieure, de même que la vis porte-amorce de la fusée percutante, ne se met en place qu'au moment du tir; tout le reste de la fusée est vissé d'avance sur le projectile, ce qui a été fait avec une clef, au moyen de trois échancrures ménagées sur le pourtour du corps de fusée.

3º BOITE A MITRAILLE.

Les boîtes à mitraille sont tirées seulement par les canons de campagne; celle de 8^c renferme 48 balles en zinc de 50 grammes, et celle de 9^c renferme 41 balles en zinc de 83 grammes. Les culots sont en zinc; l'enveloppe cylindrique est en fer-blanc, et porte, au milieu de sa hauteur, un bourrelet (*Reifen*) destiné à l'arrêter dans la position convenable, lorsqu'on l'introduit dans la chambre.

DONNÉES NUMÉRIQUES.

Le tableau suivant fait connaître les principaux éléments relatifs aux projectiles prussiens; P y désigne le poids du projectile principal, exprimé en grammes, et r son rayon exprimé en centimètres.

BOUCHES à FEU	POIDS EN KILOGRAMMES — de l'obus ordinaire (ou de la bombe)	POIDS — du shrapnel	POIDS — de la boîte à mitraille	POIDS — du projectile massif	CHARGE NORMALE — en kilogrammes	CHARGE NORMALE — en fraction du poids du projectile principal	CHARGE d'éclatement en grammes — De l'obus ordinaire (ou de la bombe)	CHARGE d'éclatement — Du shrapnel	Rapport $\frac{P}{\pi r^2}$ pour l'obus ordinaire, le boulet ou la bombe	VITESSE INITIALE, EN MÈTRES, pour le projectile principal	VITESSE de rotation pour l'obus ordinaire — Nombre de tours par seconde	Vitesse, en mètres par seconde, d'un point de la surface
Canon de 8e	4,25	4,25	3,75	·	0,50	1: 8,5	167	10	83	369	98	23
Canon de 9e	9,90	6,00	5,25	·	0,60	1:11,6	250	17	100	331	70	19
Canon de 12e	14,50	16,00	·	·	1,05	1:14	500	33	123	284	60	22
Canon court de 15e	28,58	31,00	·	·	1,50	1:19	1750	50	159	255	38	17
Canon de 15e	28,50	31,00	·	34,70	2,25	1:12	1760	50	159	296	38	17
id.	·	·	·	·	(3,00)	(1: 9)	·	·	·	(366)	(47)	(21)
Mortier de 21e	80,00	·	·	·	2,00	1:10	7600	·	232	160	30	19
Canon lisse de 7e	·	·	4,20	1,40	0,45	1:3	·	·	34	500	·	·
Canon lisse de 9e	·	·	5,65	2,80	0,95	1:3	·	40	42,5	500	·	·
Canon lisse de 12e	4,45	4,70	·	·	0,95	1:5	167	·	42,4	392	·	·
Mortier lisse de 15e	7,30	·	·	·	0,16	1:44	350	·	45	·	·	·
Mortier lisse de 23e	30,00	·	·	·	1,17	1:25	1600	·	77	132	·	·
Mortier lisse de 28e	60,00	·	·	·	3,00	1:20	2000	·	99	140	·	·

IV.

EFFETS DU TIR.

Les principaux éléments desquels dépend l'effet utile du tir, sont :

1° *La rapidité du tir.* — Dans la guerre de campagne, elle doit être aussi grande que possible, au moins lorsqu'on a bien apprécié la distance du but; c'est surtout dans le tir à mitraille que cette rapidité a une importance capitale, mais, dans ce cas, on ne pointe généralement pas : on se contente de ramener la pièce dans la direction du but. Avec les canons prussiens on peut, une fois l'avant-train enlevé et en pointant avec un soin suffisant, tirer en $3^{min.}$ 5 coups à mitraille, 4 à 5 coups à obus de plein fouet, 3 à 4 coups dans le tir plongeant ([1]).

Dans la guerre de siége, le feu est en principe assez lent, mais dans certaines circonstances, et principalement encore dans le tir à mitraille, il doit devenir aussi rapide que possible; on compte qu'on peut tirer, en 10 minutes, 10 coups avec les pièces rayées, fermées par le système à coins, 6 avec celles fermées par le système à piston, 3 avec le mortier de 23^c, 2 avec celui de 28^c.

2° *La justesse du tir.* — La représentation la plus convenable de cet élément est celle que fournit *l'écart probable;* on appelle ainsi l'écart qu'il y a une probabilité $\frac{1}{2}$ de ne pas dépasser, c'est-à-dire qu'on n'atteindra en moyenne qu'une fois sur deux, mais aussi qu'on dépassera en moyenne une fois sur deux; le double de ce nombre n'est donc pas autre chose que la dimension que le but doit avoir en hauteur, largeur ou longueur, suivant le sens que l'on considère, pour que, si le coup moyen passe en son milieu, il soit atteint par la moitié du nombre total

---

[1] Dans d'autres expériences exécutées en Prusse plus récemment, on a trouvé que le temps moyen nécessaire pour tirer un coup de canon est de 26 secondes pour le canon prussien de 8^c,28 pour le canon français de 4 (l'Aide-mémoire de 1864 donne 29), 30 pour le canon de 4 autrichien. Ces différences sont insignifiantes, et on peut dire qu'avec l'un ou l'autre des trois canons, on tirera *deux coups par minute.*

des coups tirés, ce nombre étant suffisamment grand. Le tableau suivant donne, pour les canons de campagne, les valeurs des écarts probables en hauteur, portée et direction, ainsi que celles de deux autres éléments dont il va être question; il se rapporte à l'*obus ordinaire*.

3° *La tension de la trajectoire.* — Elle est mesurée par l'angle de chute ou, d'une manière plus expressive, par la *zone dangereuse* relative à un but de grandeur donnée (*fantassin ou cavalier*).

4° *La force vive conservée par le projectile*, de laquelle dépend sa force de pénétration dans les milieux résistants. — Un obus de 12ᶜ lesté à blanc, tiré à la charge de 1ᵏ,050, traverse à 1000 mètres un parapet de 3ᵐ,15 d'épaisseur en sable tassé; un obus de 15ᶜ, tiré à la charge de 2ᵏ,100, traverse à la même distance un parapet de 1ᵐ,45 d'épaisseur en sable tassé. A cette même distance, les obus chargés de 9ᶜ, 12ᶜ et 15ᶜ éclatent dans un parapet en terre grasse à des profondeurs de qᵐ,09, qᵐ,88 et 4ᵐ,60; — les bombes de 23ᶜ et 28ᶜ, tirées sous l'angle de 45°, ont respectivement des portées de 680 et de 2200 mètres, et pénètrent à ces distances dans un parapet en terre très-rassise à des profondeurs de 0ᵐ,47 et 1ᵐ,10.

5° *Le nombre et la force des éclats que produit l'explosion du projectile.* — L'obus de 8ᶜ donne environ 30 éclats assez gros pour tuer les hommes et les chevaux; celui de 9ᶜ en donne 30 à 40; ceux de calibres supérieurs en donnent environ 60, dont 40 provenant du noyau en fonte et 20 de l'enveloppe en plomb.

La bombe de 28ᶜ, lancée sous l'angle de 60° par une charge de poudre de 585 ᵍʳ· et avec une charge d'éclatement de 2ᵏ,500, pénètre en terre à la profondeur de 0ᵐ,65 et y forme un entonnoir de 2ᵐ,20 d'ouverture.

Depuis la dernière guerre, les Prussiens ont introduit dans leur matériel de campagne le shrapnel décrit plus haut; ils attachent de plus en plus d'importance à ce projectile et délaissent de plus en plus la boîte à mitraille.

Celle-ci, ayant aujourd'hui moins de portée que les feux de l'infanterie, semble en effet ne devoir plus être utilisée que dans des cas assez rares ; il y est d'ailleurs suppléé par le shrapnel, dont la fusée permet d'obtenir l'éclatement à de très-petites distances de la pièce.

CANONS.	DISTANCES DE TIR.	TANGENTES des angles de projection.	TANGENTES des angles de chute.	ZONES DANGEREUSES pour un but haut de 1m,80.	VITESSES D'ARRIVÉE.	DEMI-FORCES vives restantes.	ÉCARTS PROBABLES en		
							hauteur.	portée.	direction.
	mètres.	»	»	mètres.	mètres.	kilo-gram-mètres.	mètres.	mètres.	mètres.
Canon de 8e (charge 500 gr.)	0	»	»	»	368,8	29460	»	11,6	0,27
	500	0,019	0,020	90	334	24160	0,18	15,1	0,67
	1000	0,042	0,047	38	304	20020	0,75	17,9	1,18
	1500	0,071	0,083	21	280	17760	1,42	20,0	1,78
	2000	0,103	0,130	14	258	14440	2,55	21,8	2,46
	2500	0,142	0,190	9	240	12470	4,10	23,2	3,17
	3000	0,186	0,261	7	224	10870	6,05	24,4	3,77
	3500	0,235	0,353	5	211	9640	8,60	»	»
	4000	0,289	0,480(?)	4	199	8580	»	»	»
Canon de 9e (charge 600 gr.)	0	»	»	»	331,2	38580	»	5,6	0,20
	500	0,024	0,025	72	307	33150	0,12	8,1	0,52
	1000	0,050	0,055	33	286	28760	0,43	10,3	0,96
	1500	0,080	0,095	19	266	24890	1,03	12,5	1,42
	2000	0,113	0,143	13	248	21630	1,90	14,5	1,94
	2500	0,152	0,202	9	231	18770	2,95	16,4	2,50
	3000	0,197	0,269	7	216	16410	4,45	18,1	3 (?)
	3500	0,246	0,351	5	202	14350	6,40	»	»
	4000	0,300	0,445(?)	4	189	12560	»	»	»

V.

ORGANISATION.

Les forces militaires de l'empire allemand sont réparties, en temps de paix et d'une manière permanente, en 18 corps d'armée (y compris la garde et le corps d'Alsace-Lorraine) dont le passage sur le pied de guerre se fait très-rapidement par l'opération de la *mobilisation*.

Organisation de l'artillerie sur le pied de paix. — A chacun des corps d'armées prussiens est attaché un *régiment d'artillerie de campagne* et un *régiment* (ou portion de régiment) *d'artillerie de place*, dont la réunion s'appelle une *brigade d'artillerie*. Les régiments d'artillerie de campagne se composent chacun d'un *état-major*, de 15 *batteries* et de 10 *colonnes de munitions* (parc); les régiments d'artillerie de place se composent de 8 *compagnies*. La brigade d'artillerie est commandée par un *général-major* (général de brigade) ou un colonel auquel est adjoint comme aide de camp un capitaine de 3e classe ou un lieutenant. Dans une même brigade, les officiers permutent fréquemment entre eux pour faire alternativement le service, soit dans l'artillerie de campagne, soit dans l'artillerie de place. L'avancement a lieu par brigade et non par régiment.

Les troupes d'artillerie, bien que réparties dans les corps d'armée et placées sous les ordres des commandants en chef de ces corps d'armée, ont, en ce qui concerne le personnel et la direction scientifique de l'arme, une organisation spéciale.

A la tête de l'artillerie est placé un *général, inspecteur général*, et tout le corps d'artillerie est réparti en un certain nombre d'inspections dont chacune est commandée par un lieutenant-général (général de division) ou un général-major inspecteur. (Les chefs-lieux de ces inspections, avant 1870, étaient, pour la Prusse: Stettin, Berlin, Breslau et Coblentz). Une division d'artificiers, composée de 3 compagnies, relève de l'inspecteur général d'artillerie; sous la haute direction de celui-ci sont encore placés les différents établissements de l'arme, savoir :

1º *Le comité de l'artillerie;* il est composé d'officiers généraux et supérieurs, ne fonctionne que sur convocation, et traite les questions de règlements, d'organisation, etc...., qui lui sont soumises.

2º *La commission d'expériences*, chargée d'expérimenter toutes les nouvelles inventions qui lui sont présentées;

elle dispose à cet effet de la 3e compagnie d'artificiers, appelée *compagnie d'expériences.*

3° *La commission d'examen des lieutenants.* Nul officier d'artillerie ne peut passer capitaine dans l'arme, sans avoir subi des examens devant cette commission.

4° *Une école de pyrotechnie.*

5° *Une école de tir d'artillerie* à Berlin, où chaque régiment détache, deux fois par an, un officier et un sous-officier.

6° Enfin, *les manufactures d'armes et les arsenaux d'artillerie.*

Organisation sur le pied de guerre. — Quand un corps d'armée est mis sur le pied de guerre, son régiment d'artillerie de place, dont l'effectif est plus ou moins augmenté suivant les circonstances, fait partie des troupes de garnison ([1]) ; son régiment d'artillerie de campagne prend l'organisation suivante :

> Un état-major de régiment,
> 3 divisions d'artillerie à pied,
> 1 division d'artillerie à cheval,
> 1 division de colonnes (parc),
> 1 division de dépôt ;

chacune des cinq premières divisions est commandée par un officier supérieur et a un petit état-major. Une division d'artillerie à pied comprend deux batteries de canons de 9c (*schwere Fussbatterien*) et 2 batteries de canons de 8c (*leichte Fussbatterien*) ; la division d'artillerie à cheval comprend 3 batteries de canons de 8c (*reitende Batterien*) ; la division de colonnes comprend 10 colonnes, dont 6 sont destinées au transport des munitions d'artillerie et 4 au transport des munitions pour l'infanterie, la cavalerie, etc. ; enfin la division de dépôt, qui fait partie des troupes dites *de remplacement*, comprend 1 batterie à cheval de 8c, 1 batterie à pied de 8c, 1 batterie à pied de 9c et 1 section d'ouvriers.

Une batterie a 16 voitures, savoir :

([1]) Dans une place en état de siége, il aurait des batteries attelées de sortie.

6 pièces (*Geschütze*) attelées à 6 chevaux,
6 caissons (*Munitionswagen*)   id.
1 chariot (*Vorrathswagen*)   id.
2 chariots   *id.*   à 4 chevaux,
1 forge (*Feldschmiede*)   à 6   id.

et transporte avec elle les munitions suivantes :

BATTERIES.	MUNITIONS ET ARTIFICES.	DANS l'avant-train de la pièce.	DANS l'avant-train du caisson.	DANS l'arrière-train du caisson.	TOTAUX pour une pièce.	TOTAUX pour la batterie entière.	OBSERVATIONS.
BATTERIE DE 8e.	Obus ordinaires	36	36	32	104	624	
	Shrapnels	8 }49	8 }52	24 }56	40 }157	240 }942	
	Boîtes à mitraille	5*)	8)	,)	13)	78)	
	Charges de 500 grammes ...	50	50	60	160	960	
	Étoupilles	75	50	75	200	1200	
	Amorces et goupilles pour fusées percutantes	48	32	48	128	768	*Y compris un coup renfermé dans une poche en cuir suspendue à l'affût.
	Amorces pour fusées à durée	12	8	28	48	288	
BATTERIE DE 9e.	Obus ordinaires	24	24	42	90	540	
	Shrapnels.............	6 }34	6 }36	21 }63	33 }133	198 }798	
	Boîtes à mitraille	4*)	6)	)	10)	60)	
	Charges de 600 grammes ...	36	36	72	144	864	
	Étoupilles	50	25	75	150	900	
	Amorces et goupilles pour fusées percutantes	32	16	64	112	672	
	Amorces pr fusées à durée..	8	4	28	40	240	

Quant aux colonnes de munitions, celles de munitions d'artillerie ont chacune 24 voitures et celles de munitions d'infanterie en ont 27 ; dans le premier cas, les 24 voitures se décomposent ainsi :

VOITURES.	NOMBRE de chevaux d'attelage.	COLONNES Nos 1 et 2.	COLONNES Nos 3, 4, 5 et 6.
Caissons à munitions de 8e..................	6	9	9
id. de 9e..................	6	8	8
Chariots (*Vorrathswagen*).................	4	2	2
Affûts de rechange de 8e avec avant-train	4	3	2
id. de 9e id.	4	1	2
Forges.................................	6	1	1
TOTAUX........		24	24

Ces colonnes fournissent un supplément d'environ 100 coups par pièce.

Telle était l'organisation de l'artillerie prussienne avant le 1er novembre 1872. On vient d'augmenter encore sa force en portant à *deux* le nombre des régiments d'artillerie de campagne de chaque corps d'armée. Le premier (*artillerie de corps*) comptera deux divisions ayant chacune 3 batteries de 9e et une division à cheval ayant 3 batteries de 8e ; l'autre (*artillerie divisionnaire*) comptera deux divisions ayant chacune 2 batteries de 9e et 2 batteries à pied de 8e.

L'effectif en hommes et chevaux des différentes subdivisions des régiments est réglé comme le montre le tableau suivant :

	BATTERIES			COLONNES de munitions	
	À cheval	à pied de 8e.	de 9e.	d'artil-lerie.	d'infan-terie.
Officier comm^t (*Hauptmann* ou *Rittmeister*) .	1	1	1	1	1
Officier de sect. (1 lieut. en 1er, 3 lieut. en 2e)	4	4	4	»	»
Officiers de colonnes	»	»	»	2	2
Chef artificier ayant rang d'officier (*Ober-feuerwerker*)	»	»	»	1	1
Maréchal-des-logis chef (*Wachtmeister* ou *Feldwebel*).	1	1	1	1	1
Enseigne porte-épée	1	1	1	»	»
Sous-officiers	12	12	12	12	12
Trompettes.	2	2	2	»	»
Exempts (*Gefreite*) et canonniers . . . . { Servants	42	42	48	8	8
Conducteurs . . .	49	60	60	23	26
Réserve.	38	23	23	37	34
Trompettes	»	»	»	2	2
Obergefreite.	»	»	»	3	3
Infirmiers.	1	1	1	1	1
Selliers	2	1	1	1	1
Soldats du train (compr. les ordonn. d'offic.)	5	5	5	80	84
TOTAUX	158	153	159	172	176
CHEVAUX... { de l'officier commandant . . .	3	3	3	2	2
des autres officiers	12	4	4	1	1
de l'officier artificier	»	»	»	1	1
de trait { de derrière	32	32	32	48	48
du milieu et de devant	60	60	60	84	92
de selle	100	16	16	22	22
haut-le-pied { de selle { de selle	»	2	2	»	»
trait { de derrière	2	4	4	4	4
de devant.	4	2	4	4	4
TOTAUX	213	123	125	166	174

Jusqu'à nouvel ordre, l'artillerie de campagne continuera à dépendre de l'inspection d'artillerie en ce qui concerne le personnel et le matériel, et du commandement du corps d'armée en ce qui concerne le service. Quant à l'artillerie de forteresse, elle ne dépendra plus que de l'inspection d'artillerie ; elle est radicalement séparée de l'artillerie de campagne et les officiers ne pourront passer de l'une dans l'autre qu'avec l'assentiment du chef de l'État.

Les capitaines de 3ᵉ classe sont supprimés.

Équipages de siége. — La composition normale d'un équipage de siége est de 320 bouches à feu, savoir :

200 canons rayés, dont $\left\{ \begin{array}{l} \text{40 de 9}^c, \\ \text{100 de 12}^c, \\ \text{60 de 15}^c \text{ long ;} \end{array} \right.$

32 canons rayés de 15ᶜ court.

48 mortiers de gros calibre, lisses ou rayés ;

40 petits mortiers.

Ces bouches à feu sont approvisionnées à

1000 obus ordinaires $\left. \begin{array}{l} \\ \\ \end{array} \right\}$ par canon rayé ;
.100 shrapnels

5 à 600 obus ou bombes par obusier lisse ou mortier ;

100 projectiles massifs en fonte dure par canon rayé de 15ᶜ long ;

25 boîtes à mitraille par canon rayé de 9ᶜ.

ARTILLERIE AUTRICHIENNE.

I. Bouches a feu. — Système *Lenk*, à coton-poudre. — Système de 1863.
— Bouches à feu de siége et de place. — II. Affûts.— Affûts de campagne,
— de montagne, — de siége et de place. — III. Projectiles.— Projectiles
lancés par les bouches à feu de campagne ; par les bouches à feu de siége
et de place. — IV. Effets du tir. — Tension de la trajectoire, justesse,
forces vives restantes, effets d'éclatement. — V. Organisation. — Artillerie
de campagne ; artillerie de place ; artillerie technique. — Instruction des
officiers et des sous-officiers.

I

BOUCHES A FEU (¹).

Lorsqu'en 1859 les canons rayés vinrent s'imposer à
l'attention générale, une autre question, celle du coton-

(¹) Afin de faciliter la lecture des ouvrages originaux, on indique ici les mesures
dont fait usage l'artillerie autrichienne.

Mesures de longueur. — Le *pied* autrichien vaut $0^m,316$; il est divisé en 12 *pouces*
et le pouce en 12 *lignes* ; ces trois unités sont ordinairement marquées par les
signes (I, II et III). Les distances sont exprimées en pas de 2,4 pieds = $0^m,758$.

Mesures de poids. — L'unité de poids est la *livre de Vienne*, qui vaut $0^k,560$; elle
est subdivisée, soit en parties décimales, soit en 32 loths valant chacun $0^k,0175$.

Le tableau suivant facilitera la conversion de ces mesures en mesures françaises :

CONVERSION DES							
Pas en mètres.		Pieds en mètres.		Pouces en millim.		Livres en kilogr.	
1	0,758	1	0,316	1	26,3	1	0,560
2	1,516	2	0,632	2	52,6	2	1,120
3	2,274	3	0,948	3	78,9	3	1,680
4	3,032	4	1,264	4	105,2	4	2,240
5	3,790	5	1,580	5	131,5	5	2,800
6	4,548	6	1,896	6	157,8	6	3,360
7	5,306	7	2,212	7	184,1	7	3,920
8	6,064	8	2,528	8	210,4	8	4,480
9	6,822	9	2,844	9	236,7	9	5,040
10	7,580	10	3,161	10	263,0	10	5,600

Calibre. — Le calibre est le poids du boulet en fonte pour les canons, et du boulet
en pierre pour toutes les autres espèces de bouches à feu ; mais ce poids est rapporté
à une unité particulière, qu'on appelle la livre idéale d'artillerie, ou encore la livre
de Nuremberg, et qui vaut 0,817 de la livre de Vienne, c'est-à-dire $0^k,4575$. Le calibre
des balles en plomb, au contraire, s'exprime par leur poids rapporté à la livre de
Vienne.

poudre était depuis longtemps à l'ordre du jour en Autriche.

Des essais faits en France et en Angleterre, vers 1849, pour approprier cette substance aux usages de la guerre, n'avaient pas abouti. L'Allemagne, montrant plus de persévérance, les avait repris, et de nouvelles études avaient été faites par une commission d'officiers des divers États de la Confédération, réunie à Mayence en 1850 et 1851. Cette commission dut se séparer sans avoir réussi à enlever au coton-poudre tous ses inconvénients, mais l'Autriche continua alors les recherches pour son propre compte. Sous la direction du major Lenk, qui avait été membre de la commission de Mayence, elles furent poursuivies avec beaucoup d'activité et sur une très-grande échelle jusqu'en 1859, où la question vint se compliquer de celle de la rayure des pièces. Les deux problèmes furent étudiés en même temps, et en 1861 le colonel Lenk créa un système d'artillerie rayée de campagne et de montagne, à coton-poudre, qui devint réglementaire.

Ce système, dont il paraît utile de dire quelques mots, quoiqu'il n'ait pas vécu longtemps, comprend des pièces en bronze de 3, de 4 et de 8 se chargeant par la bouche. La section de l'âme est non pas un cercle, mais une spirale d'Archimède $a\,b\,c\,d\,e\,f\,A$, tracée comme l'indique la fig. 1 [1] (pl. VI), et dont l'origine et l'extrémité sont reliées par un flanc oblique $a\,A$; il faut considérer l'âme comme engendrée par cette spirale, qui se transporterait parallèlement à elle-même en tournant de droite à gauche, de manière à faire, depuis le fond jusqu'à la bouche de la pièce, les 0,55 d'une révolution; trois rainures équidistantes sont creusées sur la surface ainsi obtenue; elles ont le même angle de torsion que cette surface, et leur fond lui est parallèle.

L'obus, de forme ogivale et chargé en coton-poudre,

---

[1] La spirale est tracée au moyen de 6 arcs de cercle dont les centres, 1, 2, 3, 4, 5, 6 et les points de raccordement sont indiqués sur la figure 1. Ce croquis n'est d'ailleurs pas à l'échelle.

consiste en un noyau en fonte recouvert d'une enveloppe en métal mou ; sa surface latérale est identique à la surface intérieure de l'âme, à cela près que la spirale génératrice ne se referme pas tout à fait et se termine au flanc $a'A'$, au lieu de $a\ A$; de plus, les languettes qui correspondent aux trois rainures sont également un peu moins larges que celle-ci. Il y a ainsi un faible jeu qui suffit pour l'introduction du projectile ; ce jeu a pu être réduit au minimum par la raison que le coton-poudre brûle sans résidus et n'encrasse pas la pièce. La tête du projectile présente deux oreilles diamétralement opposées, que saisissent deux entailles pratiquées dans la tête du refouloir ; elles servent, lorsque l'obus a été poussé jusqu'au fond de l'âme, à le faire tourner de la droite vers la gauche, de manière à le serrer autant que possible contre la paroi du canon. Lorsqu'ensuite il est chassé par la poudre, il est à peu près dans les mêmes conditions qu'un projectile forcé qui aurait été introduit par la culasse, et il n'y a d'autre vent que celui résultant des vides longitudinaux qui restent entre les flancs du projectile et ceux de l'âme. La gargousse est formée par une corde en fulmi-coton, enroulée autour d'un noyau creux en bois, le tout enfermé dans un sachet de laine.

Le principal défaut reconnu au coton-poudre, dans les essais antérieurs, avait toujours été de détériorer très-rapidement les parois de l'âme ; le général Lenk étant parvenu à l'atténuer considérablement, on se crut assez sûr du résultat pour faire construire et mettre en service 32 batteries complètes, construites suivant son système. Mais de nombreux accidents produisirent dans l'armée une défiance bientôt portée à son comble par l'explosion d'un grand dépôt près de Vienne, qui survint le 30 juillet 1862, et qu'une enquête très-minutieuse ne permit d'attribuer qu'à une inflammation spontanée. La répulsion que le nouvel agent inspirait aux troupes devint si énergique qu'on fut obligé de renoncer entièrement au système d'artillerie dont il formait la base : une décision impériale ordonna de décharger tous les projectiles qui en contenaient, et de vendre ou de détruire tout l'approvisionnement existant.

Ce n'est pas ici le lieu de discuter les qualités et les défauts du coton-poudre. On peut dire toutefois que les travaux du général Lenk ne sont pas le dernier mot sur cette substance; et que sa fabrication a reçu depuis lors de notables perfectionnements dus surtout au chimiste anglais Abel ([1]).

BOUCHES A FEU DE CAMPAGNE ET DE MONTAGNE.
(Modèle 1863.)

A la suite de la décision radicale qui avait été prise, l'artillerie autrichienne dut se remettre à l'étude ; ces nouvelles recherches eurent pour résultat un système qui fut adopté en 1863, et qui n'a reçu depuis que des modifications insignifiantes. Malgré la rapidité avec laquelle il a été créé, ce système, qui présente une grande parenté avec le précédent, est regardé comme ayant réalisé avec bonheur les diverses conditions auxquelles doit satisfaire un canon rayé se chargeant par la bouche.

Les canons sont en bronze et, comme ceux du système Lenk, des calibres de 3, 4 et 8 livres, le premier destiné au service de montagne.

Les canons de 3 et de 4 ont six rayures et ceux de 8 en ont huit. Ces rayures, tracées comme l'indique la fig. 2, ne sont pas séparées par des cloisons : chacune d'elles se compose d'un flanc de chargement $a c$ et d'un fond excentrique $c d$, servant de flanc de tir, qui se prolonge jusqu'au flanc de la rayure voisine.

Le projectile est recouvert d'un alliage d'étain et de zinc, dont la surface reçoit une forme semblable à celle de l'âme, mais avec un vent plus considérable que dans le système précédent. La partie ogivale est aussi garnie

---

([1]) On trouvera à ce sujet des détails intéressants dans les *Comptes rendus de l'Académie des Sciences*, séance du *12 juillet 1869*, et dans l'*Éloge funèbre de Pelouze*, par M. Dumas. *Bulletin de la Société d'encouragement, 1870.*

de deux oreilles destinées à être saisies par la tête du refouloir. Cette tête, représentée fig. 5, est une sorte de cloche en fer dont les parois sont percées de deux échancrures opposées, recourbées à angle droit. Après en avoir coiffé le projectile, on l'enfonce en laissant tourner le refouloir et il arrive au fond de l'âme dans la position représentée fig. 3. On le fait alors tourner jusqu'à ce qu'il s'applique exactement contre les faces de tir des rayures; les oreilles se présentent ainsi dans la partie droite des entailles, de sorte qu'il est facile de retirer le refouloir. Quant au projectile, il a pris la position marquée fig. 4, et le vent se trouve concentré le long des flancs des rayures; lorsqu'ensuite il est mis en mouvement par la force impulsive des gaz de la poudre, il tourne de gauche à droite, en s'appuyant toujours sur les parties circulaires de l'âme, et son axe ne cesse pas de coïncider avec celui de la pièce. Par cette disposition, le projectile a une très-large surface d'appui et est conduit bien plus sûrement qu'au moyen de tenons de faibles dimensions engagés dans d'étroites rayures, ainsi que cela a lieu dans les canons français se chargeant par la bouche.

Le tableau suivant fait connaître les principales données relatives à ces bouches à feu:

	CANONS de montagne de 3.	CANONS DE CAMPAGNE	
		de 4.	de 8.
Diamètre de l'âme (cercle inscrit) . . .	74mm,01	81mm,21	100mm,92
Vent du projectile	1mm,62	2mm,19	2mm,19
Rayures. { Nombre	6	6	8
Profondeur	3mm,95	4mm,38	4mm,38
Largeur	38mm,7	42mm,5	39mm,6
Inclinaison sur l'axe de la pièce .	8°30′	8°30′	8°30′
Pas.	1567mm	1703mm	2117mm
Poids de la bouche à feu	84k	263k	498k
Longueur totale de la bouche à feu . .	1027mm	1382mm,8	1685mm
Longueur de l'âme	830mm	1211mm,6	1468mm,4
Longueur de la partie rayée	751mm	1080mm	1330mm,2

Les Autrichiens ont admis en principe l'introduction des mitrailleuses dans le matériel de campagne et ont adopté provisoirement celles du système Christophe-Montigny; ils les placent dans les divisions par batterie de quatre pièces ([1]).

Bouches à feu de siége et de place. — Pour le service de siége et de place, l'artillerie autrichienne fait usage de canons rayés de 24, de 12 et de 6 ([2]), se chargeant par la culasse; ces pièces sont munies du mécanisme de fermeture Wahrendorff, avec obturateur en carton ou avec anneau expansif; la portière de fermeture est en bronze. Le tableau suivant fait connaître les données principales relatives à ces canons :

	CANONS		
	de 6.	de 12.	de 24.
Diamètre de la partie rayée de l'âme (mesuré entre les cloisons)	91mm,3	120mm,3	149mm,1
Longueur totale de la bouche à feu	»	2774mm	3086mm,
Longueur de la partie rayée de l'âme	»	2172mm	2529mm,
Rayures. { Nombre.	18	24	30
Largeur.	10mm,6	10mm,6	10mm,6
Profondeur	1mm,3	1mm,3	1mm,6
Pas en millimètres	4707mm	6278mm	9416mm
Pas en calibres	51½	52	63
Inclinaison sur les génératrices de l'âme	3°30'	3°26'	2°41'
Fraction de tour dans l'âme	⅓	⅓	¼
Poids de la bouche à feu (sans le mécanisme de ferm.)	640k	1478k	2811k
Poids du mécanisme de fermeture	22k	42k	62k
Prépondérance de culasse	»	123k	127k

Un canon de 8 pouces, en bronze, se chargeant par la culasse, destiné à la défense des fronts de mer, est actuellement en expérience; il est muni du mécanisme de fermeture à coin cylindro-prismatique du système Krupp.

Les expériences faites en 1869 et 1870 ont fait adopter un mortier rayé de 8 pouces, en bronze, se chargeant par la culasse, à coin cylindro-prismatique (calibre 209mm,2;

([1]) Voir pour plus de détails la *Revue militaire de l'étranger* (1er janvier 1872).
([2]) Le canon de 6 est abandonné en principe.

longueur totale 2059^{mm}; longueur de la partie rayée, 859^{mm}; poids, 4655 kil.; nombre des rayures, 30; inclinaison des rayures, 3°1').

Le matériel de siége et de place comprend encore un certain nombre de pièces *lisses* en fonte; les principales sont les suivantes :

	CALIBRE.	POIDS.
	mm	kil
Canon de 12 de siége léger.	118,4	880
id. de 24 id. court.	148,0	1955
id. de 24 id. long.	148,0	2764
id. de 48 de côte	185,7	4515
Canon à obus (*Granate-Kanone*) de 7 lourd	149,1	880
id. id. de 7 léger	149,1	406
Obusier (*Haubitze*) de 7 court.	149,1	331
id. id. de 30 court.	240,6	2174
id. id. de 30 de côte.	240,6	4834
Mortier de 7 (*Granate-Mörser*).	149,1	63
id. de 30 (*Bomben-Mörser*)	241,2	533
id. de 60 id.	301,9	1238
id. de 60 de côte, à plaque	301,9	3602

Bouches à feu de la marine. — Outre un très-grand nombre de pièces lisses de dénominations diverses, la marine autrichienne possède les canons rayés suivants :

1° Un canon rayé de 24 livres, pareil au canon de siége;

2° Un canon rayé de 100 livres (ou 7 pouces) du système de Woolwich, se chargeant par la bouche (calibre, 177^{mm},8 ; poids, 6500 kil.);

3° Un canon rayé de 8 pouces, en acier, se chargeant par la culasse, à coin cylindro-prismatique Krupp (calibre, 209^m,2; poids, 7109 kil.)

Un canon rayé de 9 pouces, du même système, est en expérience.

II.
AFFUTS.

Affûts de campagne. — Les affûts de campagne autrichiens sont, comme les affûts prussiens, à flasques longs (fig. 6). Ces deux flasques sont parallèles et réunis par trois entretoises et six boulons. Un corps d'essieu en bois recouvre le dessus et le devant de l'essieu, qui est en fer forgé. Les boîtes de roue sont en fonte. L'appareil de pointage se compose des parties suivantes (fig. 7) : 1° une fourche en fer F, dont la tête, en forme de plateau, reçoit la culasse et dont les deux branches tournent autour d'un boulon traversant les flasques à la partie antérieure de l'affût ; elles embrassent ce boulon par des trous n, qui sont allongés dans le sens horizontal ; 2° une vis de pointage, reliée à la tête de la fourche par une articulation à charnière a ; 3° un écrou en bronze i, logé dans l'entretoise du milieu et engrenant avec une vis sans fin s, mise en mouvement par une petite manivelle qui se trouve en dehors du flasque gauche. Au moyen de cette manivelle et de la transformation de mouvement qu'opère la vis sans fin, on fait tourner l'écrou, et comme la vis de pointage ne peut pas tourner, elle s'élève ou s'abaisse, en entraînant avec elle le plateau qui supporte la culasse. A l'intérieur, une petite roue dentée est calée sur l'arbre de la manivelle, et un verrou qu'on peut pousser entre les dents de cette roue sert à empêcher la vis de tourner toute seule par l'effet de la pression qu'elle supporte.

Avec l'affût de 4 on peut tirer de — 7° à + 24°; avec celui de 8, de — 8° à + 23°.

Un coffre renfermant quatre coups à mitraille est fixé sur les flasques, vers le milieu de leur longueur; son couvercle est rembourré et disposé en forme de selle, de manière qu'on puisse y faire mettre à califourchon un homme à l'affût de 4 et deux à celui de 8. Un marchepied est adapté au flasque gauche.

Dans l'affût de 4, chaque flasque porte, près de la crosse, une poignée *h*, située dans un plan horizontal, et une poignée *k*, située dans un plan vertical ; les deux poignées horizontales servent pour les mouvements d'avant-train et les deux autres remplacent le levier de pointage entre les mains du pointeur-servant. Dans l'affût de 8, ces *poignées de pointage* n'existent pas : la manœuvre se fait avec un levier qui est maintenu, *perpendiculairement aux flasques*, au moyen d'un anneau fixé sur le flasque gauche et d'un piton fixé sur l'entretoise de crosse près du flasque droit. Cette disposition du levier de pointage, tout à fait particulière au système autrichien, semble exiger d'assez grands efforts pour soulever la crosse et rendre la manœuvre difficile, surtout sur un sol détrempé.

Pour les marches, l'affût est relié à l'avant-train par le système dit à *contre-appui*, c'est-à-dire que, comme dans les voitures prussiennes et dans les voitures de siége françaises, il porte sur une sassoire et tourne autour d'une cheville ouvrière verticale ; aussi l'angle de flexion des deux trains, angle qui, pour nos voitures, est à peu près illimité dans les deux sens, ne pourrait pas dépasser 21° sur un sol formant arête, ni 14° sur un sol formant gouttière ; (pour les voitures prussiennes, les nombres analogues sont 22° et 10°30'). La lunette de cheville ouvrière est percée dans une pièce en fer qui est logée dans l'entretoise de crosse ; cette même pièce porte une chaîne d'embrelage qui sert à compléter la réunion des deux trains.

Sur le couvercle du coffre de l'avant-train est placé un coussin rembourré, et trois canonniers peuvent s'y asseoir. Trois autres canonniers sont sur le caisson.

L'attelage est à quatre chevaux pour la pièce de 4 dans les batteries à pied (voir ci-dessous), et à six dans les autres cas.

Affût de montagne. — L'affût de montagne a toutes ses

parties en fer, excepté le corps d'essieu, qui est en bois. Il ne comporte pas de limonière.

Données numériques.

		AFFUTS		
		de 3.	de 4.	de 8.
Affût.	Poids de l'essieu	»	49^k,840	72^k,240
	Hauteur des roues	0^m,973	1^m,368	1^m,368
	Poids de l'affût avec sa pièce	178^k	682^k	1080^k
Avant-train.	Poids de l'essieu . . . . ·	»	49^k,840	49^k,840
	Hauteur des roues	»	1^m,131	1^m,131
Angle du tournant.		»	46°30'	46°30'
Espace nécessaire pour faire demi-tour		»	6^m,73	7^m,11
Poids total de la pièce, avec les munitions et les servants		»	1200^k	1730^k
Voie.		0^m,736	1^m,525	1^m,525
Hauteur de l'axe de la pièce pointée horizontalement.		0^m,657	1^m,157	1^m,246

Affûts de siége et de place. — Les affûts de siége (*Batterie-Laffete*) sont en bois, à flasques longs.

Les affûts de place sont de deux espèces : les uns, dits *Depressions-Laffete*, ressemblent aux affûts marins français et sont montés sur un grand châssis ; les autres, dits *Festungs-Laffete*, sont analogues aux affûts de place en usage en France et sont placés sur une sorte de lisoir directeur.

Les affûts de mortier sont formés d'une semelle en bois et de deux crapaudines destinées à recevoir les tourillons ; ils sont munis, sauf l'affût du mortier de côte, d'une vis de pointage sur laquelle repose, par l'intermédiaire d'une pièce en fer, la volée du mortier.

L'affût de mortier rayé a une forme analogue à celui du mortier rayé prussien.

III.

PROJECTILES.

Projectiles de campagne et de montagne. — Les pièces de campagne lancent des obus ordinaires, des shrapnels, des obus incendiaires et des boîtes à mitraille.

Obus ordinaire.—La figure 8 représente en élévation le noyau de l'obus, et la figure 9 représente en coupe et en élévation ce même obus avec l'enveloppe en métal mou (alliage d'étain et de zinc).

De même que dans l'artillerie prussienne, l'obus ordinaire comporte exclusivement une fusée percutante, tandis que le shrapnel comporte exclusivement une fusée à durée. La première, dont l'idée est due au colonel Fleischanderl, date de 1862; elle ne renferme pas de fulminate et appartient à la catégorie que les étrangers appellent des *fusées à concussion* et qu'on désigne quelquefois en France sous le nom de *fusées percutantes par les gaz*. On peut y distinguer quatre parties : la tête, le tube, l'appareil de concussion et le cylindre garde-feu (fig. 10).

La *tête*, en alliage d'étain et de zinc, présente sur sa face supérieure une entaille destinée à recevoir un tournevis, et sur son pourtour cylindrique une gorge garnie d'une mèche à étoupille que recouvre une feuille d'étain; au-dessus est une partie filetée qui se visse dans l'œil du projectile. Elle a un vide intérieur divisé en deux compartiments : le premier, en commençant par le bas, est taraudé pour recevoir le tube; le second, plus étroit et rempli de composition fusante, communique avec la gorge extérieure par quatre canaux inclinés, garnis de mèche.

Le *tube*, en laiton, est fileté à sa partie supérieure pour être vissé dans la tête; il porte en son milieu une gorge *g* et à sa partie inférieure un rebord *r*, destinés à fixer l'appareil de concussion; entre le rebord et celui-ci, est interposée une plaque d'étain. L'*appareil de concussion* se compose d'une masselotte en laiton *m*, et d'une pièce faite avec un alliage de 96 parties d'étain et de 4 de cuivre, dans laquelle se trouve une chambre *c* remplie de poudre. Cette chambre présente à sa partie supérieure une ouverture cylindrique dans laquelle entre en partie la masselotte faisant fonction de bouchon et assujettie avec du plâtre.

Le *cylindre garde-feu* f est formé d'un mélange de :

> 20,3 parties de salpêtre,
> 0,6 — soufre,
> 23,8 — charbon et résine.

Lorsque cette composition est un peu sèche, on moule par compression le cylindre creux, puis, afin d'augmenter sa solidité, on colle de la mousseline sur sa surface extérieure. Pour assembler la fusée, on place ce cylindre dans le tube, où des brins de mèche à étoupille l'isolent et de la paroi du tube et de la masselotte; on place ensuite au-dessus du tube un disque de fer-blanc d percé de trous et on le visse dans la tête. Le disque de fer-blanc a pour objet d'empêcher l'extinction du cylindre par la terre qui pourrait entrer dans la fusée après la chute du projectile.

Pour adapter la fusée au projectile, on place sur l'épaulement de la lumière e (fig. 9) un disque en caoutchouc destiné à empêcher tout ballottement, on place sur le méplat du projectile une rondelle de cuir destinée à rendre la fermeture hermétique, on enduit les filets de gomme laque liquide, on visse la fusée dans l'œil, enfin on introduit dans un trou latéral une goupille destinée à l'empêcher de se dévisser pendant le trajet dans l'air.

Dans le chargement, la fusée n'exige aucune préparation. Quand le coup part, les gaz font fondre l'étain qui recouvre la gorge extérieure, enflamment l'étoupille et le feu se communique à la composition tassée dans la tête de la fusée. Celle-ci brûle assez rapidement, et la flamme porte au rouge le cylindre garde-feu, qui reste dans cet état pendant toute la durée du trajet. Quand le projectile arrive au but, la masselotte se porte en avant, suivie de la poudre qui se trouve dans la chambre et qui prend feu au contact du cylindre incandescent; l'explosion fait crever la plaque du fond et le feu pénètre dans le projectile.

L'artillerie autrichienne employa cette fusée pendant la guerre contre le Danemarck, notamment au bombardement de Sonderbourg; la matière garde-feu n'était alors autre

chose que la mèche rouge de certains briquets à l'usage
des fumeurs: coton non filé imprégné de salpêtre ou d'a-
cétate de plomb. Les Autrichiens s'en servirent encore à
Sadowa, mais il y eut beaucoup de ratés sur le champ de
bataille, ratés qui furent attribués à ce que la fusée était
alors entourée non d'une feuille d'étain, mais d'une coiffe
en caoutchouc que les servants, peu instruits, n'enlevaient
pas avant de charger. Dans des expériences récentes faites
à Vienne, elle a donné 9 0/0 de ratés avec l'obus de 4, et
3 0/0 avec celui de 8.

Shrapnel (fig. 11). — La charge du shrapnel, en poudre à
fusil, est placée dans une chambre à l'arrière du projectile, séparée des balles par un culot en fer *n* et communiquant avec la fusée par un tube central *r* rempli de poudre ;
les balles s'introduisent par un trou latéral percé dans la
partie ogivale du projectile et fermé ensuite avec un
bouchon à vis.

La fusée est organisée de la manière suivante (fig. 12) :

Le corps, formé d'un alliage de 96 parties de cuivre et
4 d'étain, est une sorte de plateau *bb*, au-dessous duquel
est un cylindre fileté *s* qui renferme la chambre à poudre
et se visse dans le projectile, tandis que le dessus est
surmonté d'un arbre *a* fileté seulement à sa partie supérieure. Le plateau proprement dit est recouvert par une
couronne de cuir enduite de gomme laque et maintenue par
un rebord étroit. De la chambre à poudre, part un conduit
h rempli de mèche à étoupille, se dirigeant obliquement
vers le haut et venant déboucher en un point de cette
couronne ; l'ouverture est élargie et garnie elle-même de
mèche, et sa place est marquée par un signe rouge sur le
pourtour cylindrique du plateau. Au-dessus du plateau et
autour de l'arbre se trouve le disque à composition *d*, puis
une plaque de recouvrement *c* assez mince, enfin une vis
de serrage *f* destinée à presser d'une manière permanente
le disque à composition contre le coussinet de cuir.

La composition, qui n'est autre chose que du pulvérin,

est tassée dans un canal annulaire creusé dans la face inférieure du disque, et elle est recouverte d'une feuille d'étain
qui a pour objet de la soustraire aux causes extérieures de
détérioration et d'assurer la régularité de la combustion.
Le canal prend naissance sur l'un des côtés d'une assez
large échancrure u du disque, qui est remplie de mèche
à étoupille et recouverte par une feuille d'étain; sur le
pourtour cylindrique du disque est gravée une division
en distances, dont le zéro correspond à ce même côté de
l'échancrure.

La plaque de recouvrement présente sur son pourtour
deux petites échancrures v dans lesquelles entrent deux
tetons que porte le disque à composition; ces deux pièces
sont ainsi solidaires l'une de l'autre et, comme la vis qui
est au-dessus presse assez fortement, on ne peut les faire
tourner qu'avec le secours d'une *fourche de réglage* qu'on
engage à cet effet dans deux autres échancrures xx de la
plaque de recouvrement.

Le réglage se fait ainsi d'une manière aussi simple que
possible et en un seul temps, car il suffit d'amener avec
cette fourche la division indiquée de l'échelle que porte
le disque, au-dessus de l'index tracé sur le corps de
fusée.

On ne retire pas la feuille d'étain qui recouvre l'échancrure u parce qu'elle doit être fondue par les gaz de la
charge.

La composition, à laquelle la mèche tassée dans cette
échancrure communique le feu, conduit celui-ci jusqu'au-
dessus de l'ouverture du canal h, en faisant fondre à mesure
la feuille d'étain. On peut vérifier l'état de la composition
et, si elle est détériorée, remplacer le disque, sans être
obligé de dévisser la fusée de dessus le projectile.

La fusée est assujettie sur le projectile par une vis de
sûreté q (fig. 11) : sans cela le mouvement de rotation
pourrait la dévisser et la chasser, en raison de son grand
diamètre et de sa masse considérable.

Obus incendiaire (fig. 13). — Cet obus est rempli par une composition formée de salpêtre, de soufre, de chanvre coupé, d'huile de térébenthine et de poix noire, qu'on a fait fondre pour la verser dans le projectile, et qui, en se refroidissant, forme une masse d'une grande dureté. Il est armé d'une fusée en bois à quatre évents. Un dégorgement central, dans lequel débouche le canal de la fusée, est ménagé dans la composition incendiaire et renferme une amorce formée d'une espèce de roche à feu *b*, d'une couche de pulvérin *m*, et de mèche à étoupille *p*; il communique avec trois autres dégorgements qui aboutissent à trois ouvertures pratiquées vers la base de l'ogive, et qui sont remplis de mèche à étoupille; les ouvertures destinées à donner passage à la flamme sont obturées avec de la cire, une rondelle de papier et une rondelle de toile. La fusée est préparée pour correspondre à une durée déterminée; dès que le feu se communique aux amorces contenues dans le dégorgement de la composition incendiaire, les coiffes des évents de la partie ogivale sont projetées au dehors, la composition prend feu, et le projectile donne trois jets de flamme d'une grande intensité; ces jets, qui ont environ $0^m,31$ de longueur, durent $1\frac{2}{3}$ minute pour les projectiles de 4, et 3 minutes pour ceux de 8.

Boîte à mitraille. — La boîte à mitraille est en tôle de zinc avec un culot et un couvercle en zinc; celui-ci porte un anneau-poignée. Les balles sont en zinc et maintenues par du soufre fondu.

Tous ces projectiles sont enduits d'une matière grasse formée de suif et de résine, destinée à diminuer le frottement du projectile contre la paroi de l'âme et à prévenir l'encrassement de celle-ci.

Le canon de montagne n'a pas d'obus incendiaire, mais il lance les trois autres sortes de projectiles, qui sont organisés de la même manière que pour les canons de campagne.

Le tableau suivant fait connaître les principales données relatives à ces projectiles:

	PROJECTILES		
	de 3.	de 4.	de 8.
Données générales.			
Calibre des projectiles.	72mm,89	79mm,02	98mm,73
Saillie maximum des ailettes	3mm,27	4mm,38	4mm,38
Largeur maximum des ailettes	36mm,20	39mm,42	37mm,23
Obus ordinaire.			
Charge d'éclatement, en poudre à canon	0k,140	0k,200	0k,438
Poids de l'obus chargé	2k,817	3k,587	6k,580
Poids par centimètre carré de la section droite. . .	526r	705r	715r
Charge pour le tir de plein fouet, en kilog.	0k,210	0k,526	0k,928
Id. en fraction du poids du projectile	0k,0745	0k,1462	0k,1409
Vitesse initiale.	235m	334m	343m
Vitesse de rotation initiale, à la surface du projectile	37m,30	54m,05	54m,68
Charge pour le tir plongeant	0k,110	0k,178	0k,260
Shrapnel.			
Charge d'éclatement, en poudre à fusil	0k,042	0k,060	0k,118
Nombre de balles	55	80	140
Poids d'une balle.	0k,013	0k,013	0k,013
Poids de l'obus chargé.	3k,089	4k,050	7k,430
Charge de tir, en kilog.	0k,210	0k,526	0k,928
Charge de tir, en fraction du poids du projectile. .	0k,0680	0k,130	0k,125
Obus incendiaire.			
Poids du projectile	»	3k,590	6k,840
Boîte à mitraille.			
Nombre de balles	34	56	67
Poids d'une balle	0k,052	0k,052	0k,070
Poids de la boîte.	2k,270	3k,746	6k,460

Projectiles de siége et de place. — Les canons rayés de siége et de place lancent des obus ordinaires, des shrapnels et des boîtes à mitraille. Les obus ordinaires, recouverts d'une chemise de plomb, sont munis d'une fusée percutante semblable à la fusée prussienne. Les shrapnels ont la cavité intérieure disposée comme celle des shrapnels de campagne et sont armés d'une fusée à temps analogue à la fusée décrite précédemment, qu'on a modifiée pour suppléer à l'action des gaz de la poudre, au moyen d'un appareil percutant mis en jeu par le choc au départ ; elle est représentée fig. 14. L'échancrure *u* de la fig. 12

s'ouvre à l'*intérieur* sur une gorge communiquant avec un canal creusé dans l'arbre central ; l'appareil percutant est, au moment du tir, vissé sur l'arbre, au-dessus de ce canal.

Données principales relatives aux projectiles de 6, de 12 et de 24 de siège et de place.

CALIBRE.	Charge de tir maximum.	OBUS ORDINAIRE.		SHRAPNEL.			BOITE à mitraille.	
		Charge explosive.	Poids de l'obus.	Charge explosive.	Nombre de balles en plomb.	Poids du Shrapnel.	Nombre des balles en zinc de 8 loths (105 gr.).	Poids de la boîte.
6	0ᵏ,595	0ᵏ,245	7ᵏ,228	0ᵏ,082	100 de 3/4 loths (55ʳ).	7ᵏ,52		4ᵏ,585
12	1ᵏ,102	0ᵏ,525	15ᵏ,225	0ᵏ,192	200 de 1 loth (17ᵍʳ,5).	16ᵏ,450	96	10ᵏ,860
24	2ᵏ,152	0ᵏ,910	28ᵏ,070	0ᵏ,350	400 de 1 loth (17ᵍʳ,5).	30ᵏ,888	170	18ᵏ,900

Quant aux projectiles sphériques encore en service, on ne fera que les mentionner en se contentant d'en représenter un (fig. 15), savoir le shrapnel que lancent l'obusier de 7 et le canon lisse de 24 ; il est armé d'une fusée à durée et à réglage continu, ressemblant beaucoup à celle du shrapnel de campagne.

IV.

EFFETS DU TIR.

On ne reproduira pas ici les considérations exposées précédemment ([1]), au sujet des divers éléments desquels dépend l'effet utile du tir ; le tableau suivant, disposé, afin de faciliter la comparaison, comme celui qui a été donné pour l'artillerie prussienne, et se rapportant de même à l'obus ordinaire, fait connaître ceux de ces éléments qui définissent la tension de la trajectoire, la force de pénétration du projectile et la justesse du tir.

([1]) Artillerie prussienne, page 89. *(Revue d'artil. 2ᵉ liv.)*

CANONS.	DISTANCE de tir.	TANGENTES des angles		ZONES DANGEREUSES pour un but haut de 1m,80.	VITESSES d'arrivée.	DEMI-FORCES VIVES restantes.	ÉCARTS PROBABLES en		
		de projection.	de chute.				portée.	direction.	hauteur.
	mètres.	°	°	mètres.	mètres.	kilogram-mètres.	mètres.	mètres.	mètres.
De 8 de m.	0	,	,	»	235,1	7935	,	,	,
	500	0,0365	0,054	33,3	204	5975	17,6	0,48	0,91
	1000	0,0955	0,123	14,6	183	4808	19,0	1,23	2,35
	1500	0,1650	0,218	8,3	165	3909	25,3	2,78	5,40
	2000	0,2510	0,330	5,4	152	3317	35,9	5,80	»
De 4.	0	,	1	»	334,3	20404	,	,	,
	500	0,0157	0,028	64,3	279	14431	16,7	0,40	0,50
	1000	0,0470	0,071	25,3	240	10530	13,4	0,83	0,95
	1500	0,0875	0,131	13,7	211	8139	11,7	1,32	1,50
	2000	0,1370	0,212	8,5	189	6531	16,7	1,94	4,25(?)
	2500	0,1985	0,321	5,4	173	5472	24,2	3,02	»
	3000	0,2695	0,409	3,8	162	4798	33,8	5,05	»
	3500	0,3870	0,685 (?)	2,6	157	4506	46,0	8,4 (?)	»
De 8.	0	,	,	»	343,0	39456	,	,	,
	500	0,0160	0,0260	69,2	295	29186	16,1	0,47	0,44
	1000	0,0450	0,0625	28,6	258	22313	14,6	1,04	0,91
	1500	0,0795	0,112	16,1	230	17741	16,4	1,68	1,80
	2000	0,1215	0,179	10,1	208	14509	19,5	2,40	3,50
	2500	0,1725	0,264	6,8	191	12234	23,9	3,41	»
	3000	0,2350	0,371	4,8	178	10626	30,1	5,08	»
	3500	0,3150	0,511	3,5	170	9692	38,7	7,80	»
	4000	0,42(?)	»	»	166	9241	50(?)	11 (?)	»

On remarquera que les écarts *en portée* vont d'abord en diminuant; cette singularité, que présente aussi le canon de 4 suisse (*Aide-mémoire des officiers d'artillerie suisse*, chap. XII, 1871), est rendue plus sensible par la lecture du tableau suivant, qui donne ces écarts de 200 en 200 mètres pour les premières distances :

	ÉCARTS EN PORTÉE POUR LES DISTANCES DE								
	400m	600m	800m	1000m	1200m	1400m	1600m	1800m	2000m
	m	m	m	m	m	m	m	m	m
Canon de 8.	17,9	17,3	17,2	19,0	21,1	23,7	»	»	»
Canon de 4.	17,7	15,75	14,4	13,4	12,5	11,8	12,3	14,3	16,7
Canon de 8.	16,5	15,8	15,2	14,8	15,0	15,9	16,9	18,1	19,5

Quant aux effets d'éclatement, ils sont indiqués par le tableau qui suit :

		CANONS		
		de 3.	de 4.	de 8.
Obus ordinaire.				
Nombre d'éclats {	du noyau	20 } 35	18 } 40	28 } 60
	de l'enveloppe	15	22	32
Nombre d'éclats {	gros (pesant plus de 87 gr.).	2	3	5
	moyens (pesant de 50 à 87 grammes.)	13 } 35	17 } 40	20 } 60
	petits (pesant moins de 50 grammes.)	20	20	35
Espace dangereux (tir de plein fouet) { longueur {	petites et moyennes distances .	190 à 300ᵐ	300 à 455ᵐ	455 à 600ᵐ
	grandes distances	75 à 110ᵐ	110 à 150ᵐ	150 à 265ᵐ
largeur.		110 à 150ᵐ	230 à 340ᵐ	300 à 455ᵐ
Espace dangereux (tir plongeant). { longueur {	petites et moyennes distances .	110 à 150ᵐ	150 à 225ᵐ	225 à 300ᵐ
	grandes distances	75ᵐ	150ᵐ	190ᵐ
largeur.		225ᵐ	380ᵐ	530ᵐ
Shrapnel.				
Nombre d'éclats {	gros (pesant de 175 à 400 grammes).	2 } 42	1 } 38	11 } 47
	moyens (pesant de 30 à 175 grammes).	8	19	18
	petits (pesant de 1 à 30 gr.).	32	18	18
Boîte à mitraille. (Tir exécuté en avril 1870 contre trois panneaux de 32ᵐ,20 de large, 3ᵐ,78 de haut et 38ᵐ d'intervalle.)				
Tir à 300ᵐ. {	Nombre de trous	»	49 } 54	86 } 95
	Nombre d'empreintes.	»	5	9
Tir à 400ᵐ. {	Nombre de trous	»	34 } 43	»
	Nombre d'empreintes.	»	9	»
Tir à 500ᵐ. {	Nombre de trous	»	»	40 } 57
	Nombre d'empreintes.	»	»	17

V.

ORGANISATION.

L'artillerie autrichienne est divisée en *artillerie de campagne*, *artillerie de place* et *artillerie technique*.

Artillerie de campagne. — L'artillerie de campagne se compose de treize régiments, qui comprennent chacun sur le pied de paix : un état-major, — 4 batteries à pied de canons de 4, portant les numéros 1 à 4; — 3 batteries de cavalerie de canons de 4 (¹), portant les numéros 5 à 7; 5 batteries à pied de canons de 8, portant les numéros 8 à 12; — un cadre de batterie de dépôt; — cinq cadres de colonnes de munitions pour les régiments 1 à 6, et six pour les régiments 1 à 13.

Ces treize régiments ont respectivement pour garnisons les villes de Prague, Olmütz, Komorn, Josephstadt, Pesth, Gratz, Vienne, Pesth, Lemberg, Neustadt, Vienne, Laibach et Temesvar.

L'état-major d'un régiment est ainsi composé :

	PIED de paix.	PIED de guerre.
Colonel, commandant le régiment.	1	1
Lieutenant-Colonel, commandant la réserve d'artillerie du corps d'armée.	1	1
Majors, commandant l'artillerie divisionnaire ou les subdivisions de l'artillerie de réserve de l'armée.	2	3
Capitaine, commandant la réserve de munitions du corps d'armée.	»	1
Lieutenants ou sous-lieutenants, adjoints aux cinq officiers supérieurs.	»	5
Trompette de régiment.	1	1
Id. de division	3	4
NON-COMBATTANTS. { Médecins, majors ou aide-majors.	4	5
Officiers comptables.	2	2
Vétérinaires.	1	2
Artificiers, *Führer* (sous-officiers), et caporaux pour les écritures.	3	6
1 sellier, 1 forgeron, 1 charron	3	3
Canonniers de 2ᵉ classe porteurs de bandages.	»	4
Canonniers conducteurs.	»	16
Ordonnances d'officiers.	»	24
Chevaux... { d'officiers..... 10 { de sous-officiers.. 10 { de trait 10		
Voitures à bagages 5		

En temps de paix, chaque batterie n'a que quatre pièces attelées et deux voitures de munitions. Lors de la mise sur pied de guerre, les batteries 1 à 12 sont complétées;

(¹) Batteries montées, attelées à six chevaux. (Il n'existe pas de batteries à cheval dans l'artillerie autrichienne).

on forme en même temps, avec les cadres de dépôt, deux
batteries de 8, qui prennent les n°s 13 et 14, une batterie
de dépôt et les colonnes de munitions.

Un corps d'armée, composé de trois divisions d'infanterie, a quatre batteries à pied de 4, six de 8, deux batteries de cavalerie et quatre colonnes de munitions. Les
colonnes 1, 2 et 3 sont dans les parcs divisionnaires, et la
colonne n° 4 dans le parc du corps d'armée ; cette dernière renferme un détachement d'ouvriers d'arsenal pour
exécuter les réparations pendant la campagne. Pour une
armée composée de plusieurs corps d'armée, les colonnes
de munitions n°s 5 et 6 sont dans le parc général.

Les batteries sur le pied de guerre sont composées de
huit bouches à feu et *huit* caissons, attelés à quatre chevaux pour les batteries à pied de 4, et à six pour les
autres batteries ; il y a en outre cinq autres voitures dans
les batteries à pied de 4, et six dans les autres.

L'effectif des subdivisions du régiment est ainsi réglé :

(*Voir le Tableau ci-contre.*)

	PIED DE PAIX.					PIED DE GUERRE.						
	Batterie de 4		Batterie de 8.	Cadres		Batterie de 4.		Batterie		Colonnes de munitions nᵒˢ		
	à pied.	de cavalric.		de colonnes de munitions.	de batterie de dépôt.	à pied.	de cavalerie.	de 8.	de dépôt.	1, 2, 3.	4.	5.
PERSONNEL.												
Capitaines	1	1	1	1	1	1	1	1	2	1	1	1
Lieutenants en 1ᵉʳ	1	1	1	2	2	1	1	1	2	2	2	2
Lieutenants	2	2	2	3	3	2	2	2	2	2	2	2
Cadets	1	1	1	»	»	1	1	1	»	»	»	»
Artificiers	2	2	2	3	3	2	2	2	8	3	3	3
Führer (sous-officiers)	4	4	4	4	4	4	4	4	8	2	2	2
Caporaux	6	6	6	5	5	8	8	8	16	6	6	6
Trompettes de batterie	1	1	1	1	1	2	2	2	2	1	1	1
Vormeister (chefs de voiture)	14	14	14	»	10	16	16	16	20	8	8	8
Canonᵉˢ de 1ʳᵉ classe	20	20	21	»	»	28	28	32	30	20	22	23
Canonᵉˢ de 2ᵉ classe	26	26	29	12	6	37	37	43	60	27	30	34
Canonnᵉˢ-conducteurs de 1ʳᵉ classe	7	11	11	»	»	20	27	27	10	31	35	37
Canonnᵉˢ-conducteurs de 2ᵉ classe	18	20	20	»	»	40	53	53	60	62	73	76
Ordonnances d'officᵉʳˢ	4	4	4	6	6	4	4	4	6	3	3	3
Forgerons et maréchaux-vétérinaires	1	1	1	»	»	3	3	3	3	3	3	3
Sellier	1	1	1	»	»	1	1	1	1	1	1	1
	109	115	119	37	41	170	190	200	230	170	190	200
CHEVAUX :												
D'officiers supérieurs	4	4	4	»	»	4	4	4	4	3	3	3
D'officiers subalternes	15	15	15	»	»	15	15	15	15	7	7	7
De trait	16	24	24	»	»	84	120	120	84	124	154	172
De réserve	2	4	4	»	»	6	8	8	6	»	»	»
Haut le pied { de selle.	»	»	»	»	»	»	»	»	»	4	4	4
{ de trait.	»	»	»	»	»	»	»	»	»	28	28	20
	37	47	47	»	»	109	147	147	109	166	196	2 06

L'excédant du matériel du pied de guerre sur celui du pied de paix était autrefois conservé dans les magasins de l'artillerie technique ou dans les arsenaux. Aujourd'hui il est conservé et entretenu par l'artillerie de campagne elle-même, et des locaux ont été disposés à cet effet dans les casernes des régiments. Un article des *Archiv für Artᵉ und Ingʳ Offiziere des deutschen Reiches* (mars 1872), approuve cette mesure pour les motifs suivants : « 1º le

« matériel sera mieux surveillé et mieux entretenu par les
« régiments qu'il ne peut l'être par le personnel des arse-
« naux, bien moins nombreux et absorbé par mille autres
« préoccupations; 2° les officiers de l'artillerie de cam-
« pagne ont un intérêt immédiat à le faire tenir en excel-
« lent état, car leur action pendant la guerre en dépend,
« tandis que le fonctionnaire ou officier d'arsenal a une
« sorte d'intérêt à livrer aux troupes ce qu'il y a de plus
« avarié afin de s'en débarrasser; 3° enfin, et cette raison
« est la plus importante, la mobilisation se fera bien plus
« rapidement dans le nouveau système. »

Les deux tableaux qui suivent font connaître les quan-
tités de munitions qui se trouvent : 1° avec la pièce et le
caisson ; 2° dans la batterie entière et les colonnes de
parc.

Munitions transportées par la pièce et le caisson.

		Gargousses pour le tir		Obus ordinaires.	Shrapnels.	Obus incendiaires.	Boîtes à mitraille.	Étoupilles.	Nombre de coups.
		de plein fouet.	plongent.						
PIÈCE DE 4.	dans l'avant-train de la pièce.	40	»	22	10	»	4	100	»
	dans le coffret d'affût.	4	»	»	»	»	4	»	»
	dans l'avant-train du caisson.	40	»	22	10	»	4	100	»
	dans l'arrière-train du caisson.	72	35	66	10	4	»	»	»
		156	35	110	30	4	12	200	156
PIÈCE DE 8.	dans l'avant-train de la pièce.	30	»	18	8	»	4	100	»
	dans le coffret d'affût.	8	»	»	»	»	4	»	»
	dans l'avant-train du caisson.	30	»	18	8	»	4	»	»
	dans l'arrière-train du caisson.	60	32	52	8	4	»	»	»
		128	32	88	24	4	12	200	128

Munitions des batteries et des colonnes.

	BATTERIES			COLONNES		
	de 4 à pied.	de 4 de cavalerie.	de 8.	Nos 1, 2, 3.	nº 4.	nº 5.
Cartouches du calib. de 10mm,98	»	»	»	297990	101430	199770
Gargousses pour le tir de pl. fouet.. { de 4...	1248	1248	»	1152	88	2336
{ de 8...	»	»	1024	658	1976	1066
Gargousses pour le tir plongeant.... { de 4...	280	280	»	196	»	238
{ de 8...	»	»	256	128	352	240
Obus ordinaires.. { de 4...	880	880	»	884	44	1772
{ de 8...	»	»	704	494	1548	1072
Shrapnels..... { de 4...	248	248	»	220	20	460
{ de 8...	»	»	192	120	320	288
Boîtes à mitraille.. { de 4...	96	96	»	44	16	92
{ de 8...	»	»	96	32	80	72
Obus incendiaires. { de 4...	32	32	»	26	»	38
{ de 8...	»	»	32	16	40	32
Fusées de signaux.......	»	».	»	»	20	»

D'après l'organisation indiquée plus haut, l'artillerie autrichienne de campagne compte 182 batteries (195 si on comprend celles du dépôt), ce qui fait en tout 1456 (1560) pièces attelées. Or, l'état de guerre de l'armée autrichienne comporte en nombres ronds 800000 hommes, soit 700000 combattants: il n'y a donc que 2,1 à 2,2 pièces par 1000 hommes. Ce chiffre paraît faible, même en ayant égard aux batteries de mitrailleuses non comptées dans ce total, et en tenant compte de ce fait que les pièces de 8 sont en très-forte proportion par rapport à celles de 4.

Artillerie de place. — L'artillerie de place se compose de douze bataillons d'artillerie de place proprement dite et d'un régiment d'artillerie de côte.

Celui-ci se compose lui-même de trois bataillons à quatre compagnies; en temps de guerre, le nombre de ces compagnies est augmenté, et les deux premiers bataillons fournissent, en outre, chacun une batterie de 3 de montagne.

Les douze bataillons d'artillerie de place ont en temps de

paix cinq compagnies ; le 9e, le 11e et le 12e ont en outre, le premier, trois batteries de montagne et les deux autres chacun une. En temps de guerre, le nombre des compagnies est porté à six, ainsi que celui des batteries de montagne.

La batterie de montagne est de quatre pièces et transporte par pièce 112 coups, savoir : 72 obus ordinaires, 24 shrapnels, 16 boîtes à mitraille, plus 36 charges pour le tir plongeant.

Les bataillons d'artillerie de place reçoivent en dépôt le matériel des batteries de montagne et leurs réserves en objets d'équipement et armes pour les hommes, tandis que le matériel servant à armer les places est conservé par l'administration des arsenaux.

Artillerie technique. — L'artillerie technique comprend les ouvriers chargés de la construction et de l'entretien des bouches à feu, des armes portatives, des armes blanches, des munitions, du matériel d'artillerie, du harnachement, etc. — Son personnel est réparti dans 16 arsenaux ou grands commandements d'artillerie (*Zeug - Artillerie-Kommanden*) établis dans les principales villes de l'empire (¹) ; en temps de guerre, elle détache des compagnies d'ouvriers dans les parcs des corps d'armée. Les officiers d'artillerie sont appelés à tour de rôle dans l'artillerie technique. Son effectif est d'environ 3000 hommes et comprend 29 officiers supérieurs, 55 capitaines, 170 lieutenants.

Instruction des sous-officiers et des officiers. — Pour la formation des sous-officiers, l'instruction des volontaires d'un an et la préparation à l'école des cadets d'artillerie, il existe dans chaque bataillon ou régiment une école de sous-officiers qui est dissoute lors de la mobilisation.

L'instruction des officiers se fait à l'école des cadets

(¹) Vienne, Gratz, Karlstadt, Prague, Olmütz, Cracovie, Komorn, Karlsbourg, Stein, Trieste, Zora, Insbrück, Raguse, Vienne, Vienne.

d'artillerie et à l'*Académie de l'artillerie technique* (autrefois *Académie du génie et de l'artillerie*); ces deux institutions subsistent pendant la guerre. A leur sortie de l'académie, les officiers débutent ordinairement dans l'artillerie de place; après y être restés un an, et avoir passé une deuxième année dans un régiment, ils peuvent être admis sur leur demande au cour supérieur des officiers d'artillerie, et ceux qui y ont satisfait aux examens de clôture sont nommés lieutenants en premier au choix.

Dans chaque régiment, on compose à l'automne une *équitation*, où des officiers et sous-officiers, en nombre indéterminé, sont exercés à monter, conduire et dresser les chevaux, pour remplir ensuite dans les batteries les fonctions d'instructeurs. Ceux qui ont suivi ces exercices avec le plus de succès peuvent être envoyés à Vienne, à l'*École centrale d'équitation de l'artillerie*, d'où ils sortent instructeurs pour les *équitations* des régiments.

Enfin il y a encore, à Vienne, une *école de pyrotechnie*.

ARTILLERIE ANGLAISE

I. BOUCHES A FEU (¹).

On divise souvent l'artillerie anglaise en artillerie *lourde* (*heavy*), *moyenne* (*medium*), et artillerie *légère* (*light*), la première classe comprenant les bouches à feu qui forment

(¹) *Mesures employées par l'artillerie anglaise.*

Longueurs. — Le pied anglais vaut 0^m,304795; il se divise en 12 pouces; le pouce (*inch*) vaut 25^{mm},3995. — 3 pieds font un *yard* (0^m,9144) et 1760 yards font 1 mille; le mille vaut 1^{km},60932.

Poids. — La base des mesures de poids est la livre-avoir-du-poids qui vaut 453^g,593 et se divise en 16 onces; 112 livres font 1 *hundredweight* (qui s'écrit *cwt* et peut se traduire par quintal); 20 cwt. font une tonne. Dans la pratique, on peut prendre 1 cwt. comme équivalent à 50 kil. (rigoureusement 50^{kg},8024), et une tonne comme équivalente à 1000 kilog.

TABLE DE CONVERSION DES									
yards en mètres.		pieds en mètres.		pouces en millim.		livres en kilog.		onces en grammes.	
1	0,914	1	0,305	1	25,4	1	0,454	1	28
2	1,829	2	0,610	2	50,8	2	0,907	2	57
3	2,743	3	0,914	3	76,2	3	1,361	3	85
4	3,658	4	1,219	4	101,6	4	1,814	4	113
5	4,572	5	1,524	5	127,0	5	2,268	5	142
6	5,486	6	1,829	6	152,4	6	2,722	6	170
7	6,401	7	2,134	7	177,8	7	3,175	7	198
8	7,315	8	2,438	8	203,2	8	3,629	8	227
9	8,230	9	2,743	9	228,6	9	4,082	9	255
10	9,144	10	3,048	10	254,0	10	4,536	10	284

Abréviations usuelles. — Les auteurs anglais font un usage fréquent des abréviations suivantes, dont il est utile de connaître le sens :
M. L. (*Muzzle loading*)..........se chargeant par la bouche.

l'armement des gros navires, des batteries de côtes et des places ; les deux autres comprenant les bouches à feu de siége, de campagne, de montagne et d'embarcation.

Dans cette étude, on adoptera de préférence la division en *bouches à feu lisses* et *canons rayés ;* ceux-ci seront eux-mêmes subdivisés en *canons rayés se chargeant par la culasse,* et *canons rayés se chargeant par la bouche.*

1º BOUCHES A FEU LISSES.

Les bouches à feu lisses de l'artillerie lourde ou moyenne sont en fonte de fer ; celles de l'artillerie légère sont en bronze. Elles se divisent en :

Canons proprement dits (*shotguns*) ; — Canons à projectiles creux (*shellguns*) ; — Obusiers (*howitzers*) ; — Mortiers (*mortars*).

Les shellguns diffèrent des obusiers en ce que les épaisseurs de métal sont plus fortes, la charge de tir moins réduite, et la trajectoire du projectile plus tendue ; ils sont employés seulement à bord des navires.

Les canons lisses sont désignés par le poids de leur boulet en livres ; les shellguns, les obusiers en fonte et les mortiers sont désignés par le diamètre de l'âme exprimé en pouces ; les obusiers en bronze le sont par le poids du boulet plein du même calibre.

Une décision du 28 novembre 1865 a réformé un certain nombre de pièces lisses existantes et indiqué celles qui seraient conservées pour être employées concurremment avec les canons rayés. Il serait inutile de les citer toutes ; car en comptant seulement les bouches à feu en fonte, on n'en trouve pas moins de 46 ; le tableau suivant fait connaître les principales :

B. L. (*Breech loading*) . . . . se chargeant par la culasse.
S. B. (*Smooth bore*) . . . . à âme lisse.
W. D. (*War department*) . . . . Département de la guerre.
L. S. (*Land service*) . . . . service de terre.
S. S. (*Sea service*) . . . . service de mer.
G. S. (*General service*) . . . . service général.
R. L. G. (*Rifle large grained powder*). poudre à gros grains pour canons rayés.
R. G. F. (*Royal gun factories*) . . . . . Manufactures royales de canons.
O. S. C. (*Ordnance select comittee*) . . . Comité d'artillerie.

BOUCHES A FEU.	POIDS en kilogrammes.	CALIBRE		LONGUEUR totale en mètres.	CHARGE en kilogrammes.	PORTÉE en mètres sous l'angle de	
		en pouces.	en millimètres.			0°	8°
Bouches à feu en fonte.							
Shcligun de 10 pouces.........	4420	10,0	254,0	2,845	5,447	288	1916
— de 8 pouces.........	3300	8,05	204,5	2,743	4,536	293	2030
— de 8 pouces.........	2740	8,05	204,5	2,438	3,630	265	1900
Canon de 68 liv.	4830	8,12	206,2	3,048	7,260	293	2323
— de 32 liv..........	2950	6,375	161,9	2,895	4,536	366	2386
— de 32 liv. A.........	2540	6,375	161,9	2,743	3,630	316	2235
— de 24 liv.	2540	5,823	147,9	2,895	3,630	330	2040
— de 18 liv.	2130	5,292	134,4	2,743	2,720	320	1950
Obusier de 10 pouces........	2130	10,0	254,0	1,524	3,175	»	1370
— do 8 pouces	1120	8,0	203,2	1,219	1,361	»	1120
Mortier de 13 pouces (marine) ...	5080	13,0	330,2	1,341	9,072	4060	
— de 10 pouces (id) ...	2640	10,0	254,0	1,158	4,310	3155	
— de 13 pouces (terre)....	1830	13,0	330,2	1,006	4,082	2650	
— de 10 pouces (id.)	914	10,0	254,0	0,800	1,814	2200	
— do 8 pouces (id.)	457	8,0	203,2	0,640	0,907	1830	
Bouches à feu en bronze.						0°	6°
Canon de 12 liv.	915	4,62	117,3	1,996	1,814	275	1650
— de 9 liv.	685	4,2	106,7	1,829	1,134	275	1600
— de 6 liv.	305	3,66	93,0	1,524	0,680	183	1460
— de 3 liv.	115	2,91	73,9	0,914	0,234	»	»
Obusier de 32 liv.	864	6,3	160,0	1,600	1,360	275	1280
— de 24 liv.	660	5,72	145,3	1,438	1,134	247	1375
— de 12 liv.	305	4,58	116,4	1,148	0,567	183	1160
Mortier de 5¹/₂ p. (dit Mortier royal)	64	5,62	142,7	0,384	0,198	»	»
— de 4¹/₂ p. (à la Cohorn)...	38	4,52	114,8	0,323	0,142	»	»
Canon de 150 liv. (en fer forgé) ..	12200	10,5	266,7	3,734	18,140	»	»
— de 100 liv. (en fer et acier).	6350	9,0	228,6	3,124	11,340	»	»

2° CANONS RAYÉS SE CHARGEANT PAR LA CULASSE.

Les canons rayés, quel qu'en soit le mode de chargement, sont désignés par la réunion de deux chiffres repré-
sentant l'un le *calibre*, l'autre le *poids* de la bouche à feu.
Le *calibre* est exprimé par le poids effectif de l'obus ordinaire si le diamètre de l'âme est moindre que 7 pouces,
et par ce diamètre lui-même s'il est égal ou supérieur à
7 pouces ; le diamètre dont il s'agit ici est celui du plus
gros boulet sphérique pouvant entrer dans l'âme. Le *poids*

est exprimé en tonnes pour les calibres de 7 po. et au-dessus, et en cwt. (quintaux) pour ceux au-dessous. De plus, l'abréviation B. L. (se chargeant par la culasse), ou M. L. (se chargeant par la bouche) accompagne toujours la désignation qui, en définitive, se présente ainsi : 40 *pr.* ([1]) *B. L. gun of 32 cwt.*

Les canons se chargeant par la culasse ont été construits de 1859 à 1867, d'après les idées de Sir W. Armstrong; mais on a cessé d'en fabriquer en 1868, et on avait même songé à les transformer, suivant le système qui a la préférence depuis cette époque, au chargement par la bouche ; on trouvait qu'ils étaient plus compliqués, au point de vue de la fabrication, du service et des munitions, et n'avaient pas de supériorité au point de vue de la portée et de la justesse. Toutefois, comme cette transformation aurait coûté aussi cher que l'établissement de canons neufs, comme les canons Armstrong ne sont pas sans mérite et qu'on en possède un nombre considérable, on s'est décidé à les conserver; ils constituent encore la partie principale du matériel de campagne et de siége, et à ce titre doivent être décrits en détail.

Mécanisme de culasse. Le fond de l'âme est fermé par une pièce mobile dite *culasse mobile porte-lumière* (voyez pl. VIII, fig. 1, *c*). C'est un prisme en étoffe de fer ou d'acier qui s'introduit dans une mortaise verticale pratiquée à la partie postérieure du canon, et qui est maintenu à l'arrière par une grosse vis de pression, dite *vis creuse* (fig. 1, *d*), percée, suivant son axe, d'un trou cylindrique dont le diamètre est égal à celui de l'âme. La face antérieure de cette culasse mobile, revêtue d'un anneau en cuivre façonné en tronc de cône, s'ajuste dans la fraisure tronconique d'une garniture en cuivre vissée à l'orifice de l'âme; sa face postérieure porte une saillie circulaire qui, s'engageant dans le vide cylindrique de la vis de

([1]) 40 pr. c'est-à-dire 40 pounder, de 40 livres.

culasse, l'empêche d'être projeté par l'effet de la pression des gaz, même quand la vis n'aurait pas été serrée tout à fait à fond. Pour introduire le chargement par le trou cylindrique de la vis creuse, on soulève la culasse mobile, qui est munie, suivant le calibre, d'une ou de deux poignées à charnières. Cette manœuvre est faite par un homme pour les canons de petit calibre, et par deux hommes, s'aidant au besoin d'un levier, pour ceux de calibre plus élevé. Le canal de lumière est creusé dans un grain en cuivre qui n'existe qu'à la partie supérieure de la culasse mobile ; le canal se recourbe ensuite horizontalement et débouche au centre du fond de l'âme ; lorsqu'il est trop agrandi, on change la culasse mobile.

La vis de culasse en acier trempé à l'huile (excepté pour les canons de 7 pouces, où elle est formée de deux parties, fer et acier) se meut dans un manchon de culasse ; elle est manœuvrée au moyen d'un bras de balancier qui fait corps avec un anneau tournant librement sur l'extrémité postérieure de la vis. Cet anneau porte une dent qui, venant frapper alternativement contre deux autres fixées au corps de la vis, permet de la faire tourner et de lui imprimer dans un sens ou dans l'autre un choc de départ très-utile, soit pour la serrer à fond, soit pour la desserrer ; une pareille disposition a été adoptée pour la vis de serrage du canon à balles français. Dans les canons de gros calibre, le balancier a deux bras terminés par des boules qui en augmentent le moment d'inertie.

Tel est le mode de fermeture qui se voit dans la plupart des canons Armstrong. Toutefois quelques-uns, qui seront indiqués ci-après, sont fermés suivant un système tout à fait différent, dit *système à coin* (*wedge*). Comme ils sont en petit nombre, nous ne nous arrêterons pas sur ce dernier mode de fermeture ([1]).

([1]) On en trouvera la description détaillée dans le *Rapport de la Commission militaire de l'Exposition universelle de 1867* (p. 742), et le dessin dans la *Revue maritime et coloniale* (juin 1868).

Forme de l'âme. Les rayures sont en *dents de scie* (fig. 2),
et leur nombre augmente, avec le calibre, depuis 36 jusqu'à 76 ; elles ont une section et une inclinaison unifor-
mes sur toute la longueur de l'âme. Le projectile se force
dans ces rayures : il est entouré à cet effet d'une enveloppe en métal mou fixé sur la fonte par le procédé chi-
mique décrit précédemment à propos du shrapnel prussien.

L'âme a quatre diamètres différents correspondant : —
à l'emplacement de la charge, — à celui du projectile, —
à un étranglement qui se trouve en avant du projectile et
le force à entrer régulièrement dans les rayures, — enfin
à la partie antérieure où le diamètre est supérieur de
$0^{po},005$ $(0,^{mm}13)$ à celui de l'étranglement.

Fabrication. Les canons Armstrong sont en fer forgé. On
a cherché à augmenter leur résistance à l'éclatement en
faisant comprimer les couches enveloppées par les couches enveloppantes, ce qui force celles-ci à participer au
travail des premières pendant le tir en proportion plus
forte que dans un canon simple. Cette idée, qui est de
l'anglais Blakeley, a été réalisée par Sir Armstrong de la
manière suivante :

Le canon se compose (fig. 3) d'un tube, appelé tube *A*,
formant la surface de l'âme, et recouvert de un à six
manchons suivant le calibre.

Chaque *manchon* (*coil*) s'obtient en enroulant en hélice,
autour d'un mandrin, un barreau de fer chauffé au rouge ;
l'enroulement terminé, on retire le mandrin, on chauffe
de nouveau le manchon et on le porte sous le marteau-
pilon pour souder les spires ensemble ; on le bat d'abord
debout, puis couché en mettant dans l'intérieur un mandrin de diamètre un peu plus petit.

Le tube *A* est formé de plusieurs manchons soudés bout
à bout ; on ne le fait pas d'une seule pièce parce qu'il
serait trop difficile de retirer ensuite le mandrin. Dans
quelques-unes des premiers canons construits, il avait été

obtenu en forant un cylindre massif de fer forgé, mais la résistance est alors bien moindre à raison de la direction longitudinale des fibres.

Après avoir alésé avec soin le manchon qui doit entourer ce premier tube, on mesure ses diamètres intérieurs à un millième de pouce près et de 12 en 12 pouces (à un quarantième de millimètre près et de 30 en 30 centimètres). On ajoute à chacun de ces diamètres le serrage diamétral (*shrinkage*) qu'on veut obtenir, et qui doit être calculé de manière à n'atteindre ni la tension pour laquelle le manchon se romprait, ni la compression pour laquelle le tube intérieur serait écrasé. On tourne alors le tube en lui donnant pour diamètres extérieurs les nombres ainsi obtenus ; puis on chauffe le manchon pour le dilater et rendre ses diamètres intérieurs un peu plus grands que ceux du tube ; enfin on le glisse sur celui-ci, dans l'intérieur duquel circule un courant continu d'eau froide pour qu'il ne s'échauffe pas lui-même. En se refroidissant, le manchon se contracte et comprime le tube.

Chacun des manchons successifs est posé de la même manière sur celui qui le précède (¹).

(¹) Les considérations suivantes, qui résultent des théories de M. Lamé, rendent compte du bénéfice que procure, au point de vue de la résistance, ce serrage des manchons les uns par les autres.

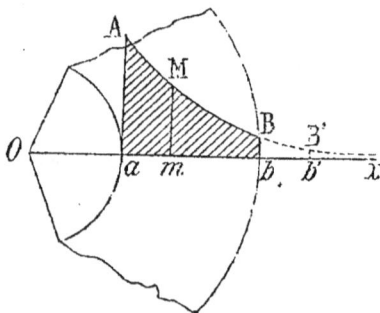

Prenons d'abord un canon homogène, non fretté, et soient $r_0 = Oa$ le rayon de l'âme, $r_1 = Ob$ le rayon extérieur à l'emplacement de la charge, p_0 la pression qui s'exerce sur la paroi de l'âme au moment du tir, t la tension tangentielle, que sup-

Un des manchons se prolonge du côté de la culasse au delà du tube *A*, et est taraudé en écrou pour recevoir la vis creuse; il est forgé avec les fibres *parallèles à l'axe* afin qu'il résiste à l'effort de déculassement. Un autre manchon reçoit les tourillons et est forgé de la même manière parce qu'il a aussi à résister à des efforts longitudinaux. Ces deux manchons ne sont pas comptés dans la série des coils, ou sont comptés à part.

Un guidon est fixé sur chaque tourillon et la ligne de mire peut être établie à volonté, soit à droite, soit à gauche.

Canons rayés en service, se chargeant par la culasse. — Les canons construits suivant le système qui vient d'être décrit sont les suivants:

---

porte alors par unité de surface une fibre circulaire de rayon $Om = x$. Elevons en m une perpendiculaire de longueur $mM = t$; le lieu des points M est une courbe AMB ayant pour équation

$$t = p_0 \left(\frac{r_1^2}{r_0^2} - 1\right)^{-1} \left(\frac{r_1^2}{x^2} + 1\right) = f_0(x)$$

et dont l'aire $aABb$ représente la moitié de la résistance du tube, de sorte que l'équation d'équilibre est $p_0 \times 2r_0 = 2 \int_{r_0}^{r_1} t\, dx$. Cette courbe s'abaisse très-rapidement vers l'axe Ox, et au delà d'un certain point b, l'accroissement de résistance $2.bB\,b'b'$ fourni par une augmentation bb' de l'épaisseur est insignifiant, tandis que l'augmentation correspondante du poids de la bouche à feu est énorme. La couche formant la paroi intérieure est celle qui supporte la plus grande tension $t_0 = f_0(r_0)$, et en égalant cette valeur à la limite de ténacité du métal, on en déduira la pression p_0 que les gaz de la poudre ne doivent pas dépasser. Pour une épaisseur *infinie*, on aurait $p_0 = t_0$, de sorte qu'il est *impossible*, avec une bouche à feu simple, de maîtriser des pressions dépassant cette limite.

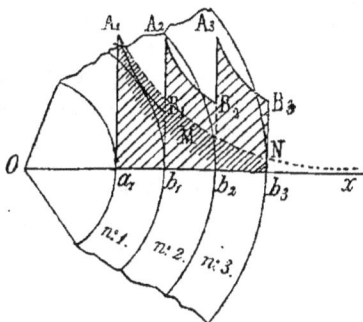

Supposons maintenant que le tube ab soit entouré par un autre exerçant sur sa

Canons de 7 pouces (calibre 177^{mm},8). Il y en a deux, l'un de 72 cwt. (quintaux), l'autre de 82. Le premier avait été adopté en 1859 comme canon de marine, mais on en construisit fort peu, parce qu'il se trouva trop léger et donnait un recul trop considérable; il n'est employé actuellement que comme canon de place, mais il est question d'en faire aussi un canon de siége. Le second, adopté en 1861, est employé dans le service de terre comme canon de place, et dans celui de mer comme canon de batterie ou à pivot, mais il n'a pas assez de puissance contre les cuirasses des navires, et on le remplace peu à peu par le canon de 7 pouces du poids de six tonnes et demie, se chargeant par la bouche.

Canon de 64 liv. pesant 61 cwt. (calibre 162^{mm},6). — Ce canon, muni d'une fermeture du système *à coin,* fut adopté en 1864 pour la marine qui, dès cette époque, se montrait mécontente de l'autre système. De tous les canons Arms-

---

surface extérieure de rayon r_1 une pression p_1; la loi des tensions aux différents points de son épaisseur a alors une nouvelle forme, savoir :

$$t = p_0 \left(\frac{r_1^2}{r_0^2} - 1\right)^{-1} \left(\frac{r_1^2}{x^2} + 1\right) - p_1 \left(1 - \frac{r_0^2}{r_1^2}\right)^{-1} \left(\frac{r_0^2}{x^2} + 1\right) = F_0(x),$$

et la loi exprimée par notre première équation s'appliquera au tube enveloppant, si celui-ci n'est pas comprimé lui-même.

Considérons enfin un canon formé de n tubes que nous désignerons respectivement, à partir de l'intérieur, par les nᵒˢ 1, 2, 3... n, et soient t_i la limite de ténacité du métal qui forme le tube nᵒ i, r_i le rayon de sa surface extérieure, p_i la pression exercée sur cette surface par le tube suivant. La loi des tensions, dans l'épaisseur totale du canon, sera représentée par une courbe discontinue $A_1 B_1 A_2 B_2 A_3 B_3 \ldots$ dont les fragments correspondant aux tubes successifs ont respectivement pour équations

$$t = F_0(x), \quad t = F_1(x), \; t = F_{n-1}(x), \quad t = f_n(x).$$

où l'on a désigné par F_i et f_i ce que deviennent les fonctions F_0 et f_0 quand on y remplace les indices 0 et 1 de r et de p, par $i-1$ et i. *La résistance du canon sera donc égale à la surface* $a_1 A_1 B_1 A_2 B_2 A_3 B_3 b_3 a_1$, *alors que pour le canon simple de même épaisseur totale, elle serait seulement égale à la surface* $a_1 A_1 M N b_3 a_1$.

Pour avoir le maximum de résistance, on déterminera les valeurs p_i de proche en proche, à partir du tube *extérieur,* par la condition que la valeur $f_n(r_{n-1})$ relative à celui-ci soit égale à t_n et que la valeur $F_i(r_{i-1})$ relative à un quelconque des autres soit égale à t_i : on obtiendra successivement chaque valeur p_i en fonction des deux valeurs déjà calculées p_{i+1} et p_{i+2}, et la dernière valeur p_0 sera la plus grande pression qu'il soit permis de faire acquérir aux gaz de la poudre.

Il faudra vérifier ensuite que la compression de la paroi de l'âme, pendant les périodes de repos de la bouche à feu, ne dépasse pas la limite de la résistance à l'écrasement, et c'est cette condition qui met une borne à la puissance des canons, pour un calibre donné.

trong, il est le seul ayant un bourrelet à l'extrémité de la
volée.

Canons de 40 liv. (calibre 120^mm,6). — Il y en a deux,
l'un de 32 quintaux adopté en 1859, l'autre de 35 adopté
en 1860. Ils sont employés l'un et l'autre dans la marine
et dans le service de terre : ils figurent dans ce dernier
comme pièces de position et comme pièces de siége. Un
des canons de 35 cwt. avait tiré à Shœburyness, à la date
du 1er juin 1871, 4038 coups et était en bon état de service ; un autre, à bord du navire *Excellent*, avait tiré
5615 coups.

Il existe aussi quelques canons du calibre de 40 liv. et
du poids de 32 quintaux, avec fermeture *à coin;* ils ont été
introduits en 1860 dans le service de la marine, qui trouvait que le mécanisme de la vis creuse prenait trop de
longueur dans un vaisseau étroit.

Canons de 20 liv. (calibre 95^mm,2). — Il y en a trois,
pesant respectivement 16, 15 et 13 quintaux. Le premier
forme l'armement des *batteries de campagne lourdes;* le
second, un peu plus court, est employé à bord des vaisseaux, et enfin le troisième, beaucoup plus court, est *un
canon de campagne de marine.*

*Canon de 12 liv. pesant 8 cwt., et canon de 9 liv. pesant
6 cwt. (calibre commun 76^mm,2).* — Le premier, adopté en
1858, transformé en 1863, forme l'armement des batteries
à pied; le second (1862), celui des batteries à cheval. Ils
sont aussi employés dans la marine comme canons de
campagne.

Canon de 6 liv. pesant 3 cwt. (calibre 63^mm,5). — Adopté
en 1858 comme canon de montagne, mais ayant été trouvé
trop lourd pour être porté à dos de mulet, il n'est plus
employé que dans la marine et les colonies.

Le tableau suivant fait connaître les principales données
relatives à ces bouches à feu.

BOUCHES A FEU	CALIBRE (mm)	LOGEMENT du logement de la charge (mm)	LOGEMENT du logement du projectile (mm)	LONGUEUR nominale (non compris la vis creuse) (mèt.)	LONGUEUR de la tranche de la lumière à l'axe des tourillons (mèt.)	LONGUEUR de l'axe des tourillons à la culasse (mèt.)	DIAMÈTRE à l'emplacement de la charge	DIAMÈTRE à la bouche (mm)	Pas, en calibres	RAYURES Nombre	RAYURES Profondeur (mm)	RAYURES Largeur (mm)	RAYURES Largeur des cloisons (mm)	Prépondérance de culasse (kil.)	Nombre de bouches à feu existantes
Avec rée tit creur.															
7 po. { de 82 cwt. (LS et SS)	177,8	406,4	228,6	3,048	1,897	1,151	704	330,2	37	76	1,5	4,2	3,1	350	883
de 72 cwt. (LS)	177,8	362,0	228,6	2,997	1,810	1,187	627	330,2	37	76	1,5	4,2	3,1	406	76
40 liv. { de 35 cwt. (LS et SS)	120,6	342,9	177,8	3,073	1,877	1,196	417	196,8	36½	56½	1,5	4,2	2,5	241	819
de 82 cwt. (LS et SS)	120,6	342,9	177,8	3,048	1,877	1,171	418	196,8	36½	56	1,5	4,2	2,5	276	194
20 liv. { de 16 cwt. (LS)	95,2	304,8	152,4	2,438	1,500	0,927	517	159,4	38	56	1,5	4,2	2,5	106	89
de 15 cwt. (SS)	95,2	279,4	152,4	1,680	1,003	0,677	343	158,7	38	44	1,5	4,2	2,5	75	81
de 13 cwt. (SS)	95,2	279,4	152,4	1,680	1,016	0,664	317	152,4	38	44	1,5	4,2	2,5	74	292
12 liv. de 8 cwt. (LS et SS)	76,2	215,0	76,2	1,829	0,984	0,844	248	146,0	38	38	1,14	3,8	2,5	90	701
9 liv. de 6 cwt. (LS et SS)	76,2	177,8	76,2	1,575	0,927	0,648	244	184,6	38	38	1,14	3,8	2,5	57	266
6 liv. de 3 cwt. (LS etSS)	63,5	177,8	63,5	1,527	0,940	0,587	178	95,2	30	32	1,14	3,8	2,5	25	98
Fermeture à coin.															
64 liv. de 61 cwt. (LS)	162,6	368,3	203,2	2,794	1,740	1,054	615	358,0	40	70	1,5	4,2	3,0	279	101
40 liv. de 32 cwt. (SS)	120,6	342,9	177,8	2,480	1,020	0,569	488	196,8	36½	56½	1,5	4,2	2,5	142	52

Observation. { LS veut dire : service de terre (land service);
                 SS veut dire : service de mer (sea service);

Total de la dernière colonne : 3 692.

3° CANONS RAYÉS SE CHARGEANT PAR LA BOUCHE.

Systèmes de rayures. — Bien qu'ayant adopté le chargement par la culasse pour l'artillerie légère et moyenne, les Anglais ont toujours conservé le chargement par la bouche pour la grosse artillerie, le système Armstrong n'ayant pu y être adapté dans des conditions satisfaisantes.

Ces canons ont une rayure, appelée *rayure de Woolwich* (pl. VIII, fig. 4), analogue à celle de la marine française, modèle 1860, dite en *anse de panier*. Sa largeur est la même pour tous les canons à partir de celui de 7 pouces. Dans les canons construits depuis 1865, elle est *progressive*, c'est-à-dire que sa direction, coïncidant au fond de l'âme avec celle des génératrices, s'en écarte graduellement jusqu'à la bouche ; mais il paraît se manifester aujourd'hui une tendance à revenir à la rayure uniforme. La chambre est souvent un peu tronconique (pl. VIII, fig. 8).

Vers 1866, lorsque commença à se généraliser la réaction qui a fini par faire abandonner le chargement par la culasse, on construisit quelques bouches à feu rayées suivant un nouveau système proposé par Armstrong et appelé système *du shunt* ou *à chargement automatique*. *Shunt* est un mot anglais emprunté au vocabulaire technique des chemins de fer, où il désigne le dispositif au moyen duquel s'opèrent les changements de voie ; dans la rayure Armstrong (fig. 5), il désigne une portion oblique $D\ E$ du flanc de chargement, laquelle raccorde la partie antérieure $B\ D$ de la rayure avec sa partie postérieure $E\ F$ plus étroite. La partie antérieure se compose, à proprement parler, de deux rayures jumelles, l'une large et profonde, dans laquelle l'ailette du projectile entre librement jusqu'à la partie rétrécie ; l'autre étroite et moins profonde, qui est adjacente au flanc de tir et que l'ailette parcourt quand le projectile sort de la pièce ; le shunt a pour effet de rejeter l'ailette du côté du flanc de tir, et c'est cet effet qui a été comparé à un changement de voie. La *rayure* de tir s'appuie sur celle de chargement par un petit talus parallèle au flanc, et elle commence par une rampe douce $m\ n$ que l'ailette doit gravir ; celle-ci, avant d'arriver à la bouche de la pièce, se trouve donc comprimée à la fois par le fond et par le flanc de la rayure. Des canons de 13 po., de 64 liv. et de 12 liv., avaient été construits avec la rayure *sunht*, mais le deuxième seul subsiste

encore ; on a fait à ce système les reproches suivants :
1° il manque de simplicité ; 2° le projectile est soumis à
un accroissement de résistance lorsqu'il a déjà acquis une
grande vitesse ; 3° la multiplication des arêtes et des angles
compromet la résistance du canon.

La rayure adoptée aujourd'hui pour les canons de l'artillerie légère ou moyenne, et qu'on appelle *rayure française modifiée*, se compose (fig. 6) d'un fond légèrement
excentrique, d'un flanc de tir faisant avec le prolongement du rayon un angle de 70°, et d'un flanc de chargement dont le prolongement fait avec celui du flanc de tir
un angle de 90° ; les deux flancs sont raccordés avec le
fond par des arrondissements ; le pas est uniforme. La
rayure française non modifiée a été adoptée pour le 7 pr.
R. M. L. en acier.

Fabrication. Jusqu'en mars 1868, les canons se chargeant par la bouche ont été construits suivant les mêmes
principes que ceux qui se chargent par la culasse, mais
depuis cette date un nouveau mode de fabrication, dit procédé Fraser, est employé exclusivement. Il diffère de
celui d'Armstrong : 1° en ce que l'âme est formée par un
tube en acier, 2° en ce qu'au lieu d'un certain nombre de
manchons minces et courts on n'en fait qu'un seul beaucoup plus épais. Ce nouveau manchon est lui-même formé
par l'enroulement d'une forte barre sur laquelle on en a,
au besoin, enroulé une seconde et même une troisième,
en changeant de sens à chaque fois, de manière à contra-
rier les joints ; c'est ce que nous appellerons manchon à
simple, double ou triple enroulement (double coil, triple
coil). En tous cas, le manchon complet s'obtient par une
simple opération de forge, et la surface totale à aléser ou
à tourner est beaucoup moindre que dans le premier système, où tous les manchons devaient être exécutés avec
autant de fini et de précision les uns que les autres ; en
outre, il faut faire moins de va-et-vient entre les fourneaux

où l'on dilate les manchons et le tour sur lequel on les travaille. On réalise ainsi une économie qui s'élève à 40 %.

On se rendra compte de la différence entre les deux modes de fabrication au moyen des fig. 7 et 8 (pl. IX), qui représentent le canon de 7 po. 7 tonnes, la première, tel qu'on le construisait avant 1855; la seconde, tel qu'on le construisait depuis 1868. Pour bien faire comprendre la méthode Fraser, nous la décrirons en supposant qu'il s'agisse de ce canon.

Le canon se compose — du tube intérieur *en acier*, dit tube A, — du tube B, qui en entoure la partie intérieure et qu'on appelle quelquefois la *culotte*, — du manchon de culasse, appelé aussi la *jaquette*, — enfin de la vis de culasse.

Le tube A est obtenu au moyen d'un bloc d'acier, foré et tourné aux dimensions prescrites, une des extrémités restant pleine pour former le fonds de l'âme; ce travail demande environ 60 heures. Le tube est ensuite chauffé pendant 4 ou 5 heures, puis plongé brusquement dans un bain d'huile, où on le laisse refroidir jusqu'au lendemain; la trempe lui a donné de la dureté, mais elle a pu le déjeter ou en fendiller la surface, de sorte qu'il faut le passer une seconde fois au tour, ce qui ne demande pas moins de 25 heures, le métal étant devenu beaucoup plus dur. Afin de s'assurer qu'il ne reste plus de crevasse, même imperceptible, on le soumet ensuite à l'*épreuve de l'eau*, c'est-à-dire à une pression hydraulique de trois tonnes et demie par pouce carré (550 kil. par centimètre carré). Il a alors la forme représentée fig. 9, *a*.

Le tube B est formé de deux manchons soudés bout à bout. Il est appliqué à chaud sur le tube A, de la manière qui a été décrite plus haut, et le *shrinkage*, ou serrage diamétral, est de 0po,003 (0mm,076) à la bouche, de 0po,022 (0mm,558) à l'autre extrémité.

La fig. 9, *b* représente cette succession d'opérations.

ART. ÉTRANG. 6

La jaquette (fig. 9, *c*) est composée d'un manchon à triple enroulement formant l'arrière, d'un anneau porte-tourillon et d'un manchon à double enroulement formant l'avant. Quand ces trois parties ont été soudées ensemble, on fore à l'extrémité l'écrou de la vis de culasse; on pose ensuite la jaquette suivant les mêmes principes que le tube B.

La vis de culasse (fig. 9, *d*) est en fer de première qualité. Une gorge annulaire est creusée autour de sa tête et correspond avec un canal coudé par lequel les gaz sortent lorsque le tube A est détérioré, ce qui fait connaître qu'il y aurait danger à maintenir la pièce en service. Dans les canons construits avant le mois de septembre 1869, ce canal débouchait au-dessous du bouton de culasse (voy. fig. 7), mais depuis cette époque on le fait déboucher à sa droite afin qu'il soit plus apparent.

Dans les canons de calibre inférieur à celui de 40 liv., il n'y a pas de vis, et le bouton de culasse est formé par l'extremité du tube A.

Canons en fonte transformés. Des études poursuivies depuis 1863 par le major Palliser, en vue de transformer d'anciens canons lisses en fonte en canons rayés se chargeant par la bouche, ont conduit à une fabrication qui a été officiellement adoptée en 1868, et qui, à la fin de 1871, avait déjà fourni 1100 bouches à feu.

Les premières transformations ont porté sur des canons de 8 po. 65 cwt., changés en canons de 64 liv. 71 cwt. (voy. pl. VIII, fig. 10). L'âme du canon en fonte est forée du diamètre de 203ᵐᵐ,2 à celui de 266ᵐ ,7, et on y introduit un tube en fer forgé. Ce tube, formé de 5 manchons soudés bout à bout, comme il a été dit plus haut, est alésé au diamètre de 160ᵐᵐ et fermé à une de ses extrémités par un bouchon à vis; puis on le diminue d'environ la moitié de son épaisseur à partir de cette extrémité et sur une longueur de 813ᵐᵐ, pour y poser un deuxième tube

(tube B) avec un serrage diamétral de $\frac{1}{800}$ de pouce. A la bouche, l'épaisseur du tube est légèrement diminuée pour l'introduction d'un collier en fonte qui sert à l'assujettir et qui est vissé dans l'enveloppe en fonte; en outre, une vis en fer forgé, placée un peu en avant des tourillons, l'empêche de tourner.

Des canons lisses en fonte de 32 liv. 58 cwt., — 32 liv. 56 cwt., — 68 liv. 95 cwt., ont été transformés de la même manière en canons rayés de 64 liv. 58 cwt., — 64 liv. 56 cwt., — 80 liv. 5 tonnes.

Canons rayés se chargeant par la bouche actuellement en service. — Ceux de l'artillerie moyenne ou légère sont les suivants :

Canons de 64 liv. 64 cwt. Tous les canons de ce calibre, construits avant le mois de janvier 1871 étaient rayés suivant le système du *shunt*; ceux qu'on fabrique depuis, et ceux dans lesquels on est obligé de remplacer le tube, reçoivent une rayure particulière appelée *plain-groove* (rayure unie), qui n'est autre chose que la rayure shunt dans laquelle on aurait rasé le ressaut.

Canon de 40 liv. 35 cwt. (en expérience). Il se construit comme il a été dit plus haut, seulement les deux manchons qui composent la jaquette sont à simple enroulement; rayure plain-groove. Ce canon a été proposé en 1871 comme canon lourd de siége et de position.

Canon de 25 liv. 22 cwt. (en expérience). Même construction, sauf l'absence de la vis de culasse. Proposé en 1871 comme canon léger de siége et de position.

Canon de 25 liv. 22 cwt. (en expérience). Même construction, sauf l'absence de la vis de culasse. Proposé en 1871 comme canon léger de siége et de position.

Canon de 16 liv. 12 cwt. N'est composé que de deux parties : un tube en acier trempé et une jaquette formée par

deux manchons simples et un anneau porte-tourillon ;
l'acier est à découvert jusqu'à 775 millim. de la bouche.
— Rayure française modifiée (fig. 6), avec pas uniforme
de 30 calibres.

Canon de 9 liv. 8 cwt. (fig. 11). — Semblable au précédent,
mais a en plus un bourrelet de volée avec masse de mire.
Le bourrelet fait corps avec le tube d'acier, excepté dans
les premières constructions, où il est formé par un anneau
en fer forgé vissé sur le tube. — La hausse n'est graduée
qu'en degrés : une planchette en cuivre, fixée sur le côté
droit de la pièce, fait connaître les portées ainsi que les
données nécessaires pour la graduation de la fusée.

Ces deux derniers canons, adoptés en 1870, sont les
nouvelles pièces de l'artillerie de campagne : l'un doit
armer les batteries à cheval et une partie des batteries
montées, l'autre le reste de ces batteries.

Canon de 9 liv. 5 cwt. — Ne diffère du précédent que par
la longueur et le poids ; n'a pas de bourrelet ; adopté en
1870 pour le service de mer.

Canon de 9 liv. 8 cwt. en bronze. — Ce canon a été adopté
en 1870 pour le service des Indes ; il a les mêmes munitions que les deux précédents.

Canons de 7 liv. — Il y en a cinq modèles, deux en *bronze*
et trois en *acier ;* ce sont des canons de montagne et de
chaloupe.

Le tableau suivant fait connaître les données principales relatives aux canons rayés, se chargeant par la
bouche, actuellement en service, de l'artillerie légère ou
moyenne :

CANONS.	CALIBRE.	LONGUEUR			RAYURES (à pas constant).					PRÉPONDÉRANCE.
		du canon.	de l'âme.	de la partie rayée.	Système.	Pas en calibres.	Nombre.	Profondeur.	Largeur.	
	millim.	mètres.	mètres.	mètres.				millim.	millim.	kilog.
Canons en fer forgé.										
de 64 liv., 64 cwt. SS. { n° 1............	160,0	2,832	2,480	2,299	shunt.	40	3	2,8 et 2,0	15,2 et 10,2	355
n° 2............	id.	2,870	2,480	2,299	id.	40	3	id.	id.	152
n° 3............	id.	2,832	2,477	2,299	id.	40	3	id.	id.	155
de 40 liv., 35 cwt. n° 1............	120,6	2,438	2,172	1,842	plain-groove.	35	3	2,5	20,3	18
de 25 liv., 22 cwt. n° 1............	101,6	2,013	1,829	1,480	id.	35	3	2,5	20,3	9
de 16 liv., 12 cwt. n° 1............	91,4	1,891	1,737	1,474	français modifié.	30	3	2,8	20,3	9
de 9 liv. { 8 cwt. LS; n° 1............	76,2	1,740	1,613	1,519	id.	30	3	2,8	20,3	8
6 cwt. SS; n° 1............	id.	1,473	1,846	1,253	id.	30	3	2,8	20,3	1
Canons en bronze ou en acier.										
de 9 liv., 8 cwt. en bronze, LS............	id.	1,701	1,613	1,519	id.	30	3	2,8	20,3	4
de 7 liv. { 150 lbs. (acier), n°s 1, 2, 3	id.	0,673	0,610	0,559	français.	20	3	2,5	15,2	1 (n° 3) / 2 (n°s 1,2)
200 lbs. (bronze), n° 2	id.	0,914	0,817	0,741	id.	20	3	2,5	15,2	20
224 lbs. (bronze), n° 3	id.	0,914	0,864	0,818	id.	20	3	2,5	15,2	2
Canons en fonte taire.										
de 64 liv. { 71 cwt. LS et SS; n° 1............	160,0	2,743	2,628	2,445	plain-groove.	40	3	2,0	15,2	320
58 cwt. LS; n° 1............	id.	2,895	2,754	2,576	id.	40	3	2,0	15,2	
de 80 liv. 5 tonnes; LS; n° 1............	id.	3,048	2,877	2,700	Woolwich.	40	3	3,6	33,0	

Observation. — LS. veut dire : *service de terre.* — SS : *service de mer.*

Les canons qui composent la grosse artillerie sont les suivants:

Canons de 7 po. — Ils sont de deux poids différents : 6 tonnes et demie et 7 tonnes. Le premier fut adopté en 1865 comme canon de batterie ou à pivot pour frégates, en remplacement des canons de 7 po. se chargeant par la culasse et de 68 lisses. Le second est employé uniquement pour la défense des côtes.

Canon de 8 po. 9 tonnes. — Canon de marine adopté en 1866.

Canon de 9 po. 12 tonnes. — Adopté en 1865 pour l'armement des navires cuirassés et des batteries de côte.

Canon de 10 po. 18 tonnes. — Id. — Il forme l'armement de l'*Hercule.*

Canon de 11 po. 25 tonnes. — Adopté pour les navires à coupole ; est employé aussi pour la défense des côtes.

Canon de 12 po. 25 tonnes. — Adopté pour les navires à tourelle et la défense des côtes.

Canon de 13 po. 23 tonnes. — Employé seulement dans le service de terre. Le fameux *Big-Will* (*Gros-Guillot*) est un canon de ce calibre.

Canon de 12 po. 35 tonnes. — Canon de marine adopté en 1871 pour agir non-seulement contre les cuirasses des navires, mais encore contre les fortifications en fer des côtes.

Presque tous ces calibres comportent plusieurs modèles qu'on distingue par des numéros et qui proviennent des variations qu'a subies le mode de fabrication. Le tableau suivant fait connaître ces divers modèles ; ils y sont désignés par des chiffres romains et on a indiqué par un astérisque ceux qui ont été adoptés en dernier lieu pour les constructions futures ; les chiffres. arabes inscrits entre parenthèses indiquent, pour les modèles qu'on ne construit plus, le nombre de pièces en service.

Un second tableau fait connaître les principales données relatives à ces bouches à feu.

CALIBRE.	CONSTRUCTION primitive.	1re modification FRASER, où se trouve un manchon à fibres longitudinales.	Modification FRASER (avec un seul manchon).	Modification FRASER (avec deux manchons).
7 po., 6 ½ tonnes	I. (331)	II. (20)	III. (*)	»
7 po., 7 tonnes	I. (51)	II. (2)	III. (*)	»
8 po., 9 tonnes	I. (76)	II. (6)	III. (*)	»
9 po., 12 tonnes	I. (190)	II. (26)	III. (136)	IV. V*
10 po., 18 tonnes	»	»	I. (18)	II*
11 po., 25 tonnes	»	»	I. (7)	II*
12 po., 25 tonnes	I. (4)	»	»	II*
13,05 po., 23 tonnes	I. (3)	»	»	»
12 po., 35 tonnes	»	»	»	I*

BOUCHES A FEU.	CALIBRES.	LONGUEUR du canon.	LONGUEUR de l'âme.	LONGUEUR de la partie rayée.	RAYURES (système Woolwich) Pas au fond de l'âme.	Pas à la bouche.	Nombre.	Profondeur.	Largeur.	PRÉPONDÉRANCE.
	mm	mèt.	mèt.	mèt.	Calibres.			mm	mm	kilg
de 12 po. 35 tonnes; SS; n° I	304,8	4,664	4,127	3,429	∞	35	9	5,1	38,1	152, au plus
de 13 po. 23 tonnes; LS; n° I	331,5	4,292	3,594	3,200	55	55	10	5,1	38,1	
de 12 po. 25 tonnes; LS et SS; nos I et II	304,8	4,356	3,683	3,225	100	50	9	5,1	38,1	
de 11 po. 25 tonnes ; { n° I..	279,4	4,345	3,683	3,023	∞	35	9	5,1	38,1	
LS et SS....... { n° II.	279,4	4,318								
de 10 po. 18 tonnes; { n° I.	254,0	4,318	3,696	2,997	100	40	7	5,1	38,1	
LS et SS ...... { n° II.	254,0	4,337								
de 9 po. 12 tonnes; LS et SS { n° I	228,6	3,734	3,175	2,730	∞	45	6	4,6	38,1	0
{ nos I,II,III,IV	228,6	3,784	3,175	2,642	∞	45	6	4,6	38,1	254
de 8 po. 9 tonnes; SS { n° I	203,2	3,468	2,997	2,591	∞	40	4	4,6	38,1	0
{ nos II et III.	203,2	3,468	2,997	2,528	∞	40	4	4,6	38,1	203
de 7 po. 7 tonnes; LS { n° I	177,8	3,627	3,200	2,857	35	35	3	4,6	38,1	228
{ nos II et III.	177,8	3,595	3,200	2,807	35	35	3	4,6	38,1	152
de 7 po. 6½ tonn.; SS { n° I	177,8	3,181	2,819	2,477	35	35	3	4,6	38,1	280
{ nos II et III.	177,8	3,200	2,819	2,426	35	35	3	4,6	38,1	152

II. AFFUTS ET VOITURES.

MATÉRIEL DE CAMPAGNE.

Les affûts pour les canons Armstrong de 20, 12, 9 et 6 sont en bois. Ils ont, comme les affûts français, une flèche avec deux flasques, système qui, inventé par sir W. Con-

grève, existe en Angleterre depuis 1792 pour les affûts de
campagne. L'essieu est entouré d'un corps d'essieu en
bois. La vis de pointage est à écrou mobile et sa tête est
articulée à charnière avec le bouton de culasse. Les affûts
de 12 et de 20 ont en outre un appareil de pointage latéral
(*traversing screw*) permettant de déplacer la pièce à droite
ou à gauche d'un angle qui peut aller jusqu'à 3°. L'avant-
train a les mêmes roues que l'affût ; il porte trois coffres
placés au-dessus de l'essieu ; celui du milieu, très-étroit,
renferme les fusées et les étoupilles. Les coffres sont
recouverts de toile et fixés au moyen de courroies.

Les deux trains sont reliés ensemble suivant le système
dit à suspension. L'avant-train est muni de deux brancards
et peut à volonté être attelé avec deux chevaux de front
ou avec un seul. Dans le premier cas, l'un des brancards,
faisant fonction de timon, est placé au milieu de la voiture,
assujetti dans deux anneaux carrés qui sont l'un sous la
volée, et l'autre sous la seconde planche du marche-pied ;
l'autre brancard traverse un anneau carré sous l'extrémité
droite de la volée et se termine par une pièce en fer percée
d'un œil, et fixée au moyen d'une esse sur le bout de la
fusée d'essieu, où elle tient lieu de rondelle. Dans le
second cas, chacun des deux brancards est porté plus à
gauche ; celui qui servait de timon vient près de l'armon
de gauche où il est fixé de la même manière ; l'autre est
reçu par un piton qui est rivé sur une plaque fixée elle-
même à la face interne de l'armon de droite. En disposant
les brancards de cette seconde manière, on peut aussi atteler
trois chevaux de front, à l'aide de deux palonniers attachés
aux extrémités de la volée.

Les autres voitures de campagne sont : le caisson à
munitions, le caisson à fusées (*rocketwagon*), la forge, le
chariot de batterie (*storewagon*), la charrette à bagages
(*storecart*) et le caisson à munitions pour armes portatives.
Le caisson à munitions ressemble, comme disposition
générale, au caisson français ; on remarquera cependant

que la roue de rechange est placée sur un essieu en bois fixé au-dessus de la flèche qui réunit les deux trains, celle-ci passant dans l'intervalle de deux rais.

Le matériel de la nouvelle artillerie de campagne est presque entièrement en fer, non-seulement pour l'affût, mais encore pour toutes les autres voitures de batteries. Les deux flasques de l'affût, prolongés jusqu'au bout de crosse, se composent chacun d'un cadre formé de cornières en fer convenablement ployées et soudées ; sur ce cadre est appliquée une feuille de tôle, liée aux cornières par de nombreux rivets. Il y a, de chaque côté du canon, un coffret de 40^{cm} de côté dont le couvercle est disposé en forme de siége ; l'un des coffrets renferme trois coups à mitraille ; l'autre renferme un appareil à mesurer les distances : le *range-finder Nolan.* Les moyeux des roues sont en bronze, les rais et les jantes en bois ; ce sont, avec le corps d'essieu et les coffrets, les seules parties en bois qui se trouvent dans cet affût (fig. 13).

Les coffres de l'avant-train et du caisson sont disposés de manière à porter les objets de campement, les vivres et les sacs des hommes.

L'affût de 9 livres pèse, sans la pièce, 590 kil., et celui de 16, 600 kil. Ce dernier a un recul très-violent, recul qu'on cherche à diminuer au moyen d'un déclic fixé au moyeu et au corps d'essieu. Il est question de renforcer l'essieu qui a été brisé plusieurs fois dans les manœuvres de 1872.

AFFUTS ET VOITURES.

MATÉRIEL DE SIÉGE.

Les voitures dont se compose le matériel de siége sont les affûts de canons et de mortiers, le chariot porte-corps (*platform-wagon*), les chariots de parc (*general service wagon, siege-wagon, store-wagon*), la charrette de tranchée et une sorte de triqueballe (*sling-wagon*).

L'affût à flèche n'a été adopté par les Anglais pour le
matériel de siége qu'en 1860. Il en existe deux modèles :
l'un pour le canon de 40 livres, l'autre pour celui de
64 livres; lorsque le canon de 7 pouces est employé dans
les siéges, il est monté sur l'affût marin.

Les mortiers lisses de 8, 10 et 13 pouces sont montés
sur des affûts à roues, auxquels s'adapte un avant-train
muni d'un cadre analogue à celui des chariots porte-
corps ; pour passer à la position de tir, on dresse l'affût
verticalement, la flèche en l'air, on enlève les roues, et
l'on rabat les flasques sur la plate-forme.

MATÉRIEL DE PLACE ET DE COTE.

Le matériel de place et de côte comprend des affûts en
bois et des affûts en fer.

Les premiers, qui ne sont employés que pour les canons
de poids inférieur à 6 tonnes, se divisent en trois espèces :
1° affût ordinaire (*common standing*), avec deux flasques à
gradins, et deux essieux en bois munis de roulettes en
fer ; 2° affût dit *rear chock carriage*, dans lequel l'essieu
de derrière est remplacé par une pièce en bois reposant
directement sur la plate-forme; 3° affût à châssis (*sliding
carriage*).

Les affûts en fer sont toujours à châssis; on y trouve
généralement un dispositif destiné à diminuer le recul, et
consistant, soit en un *frein à lames doubles* (') (*plate-compres-
sor*), soit en un *frein hydraulique* (*hydraulic-buffer*). Le
premier (pl. XII, fig. 14) consiste en un double système
de lames fixées, les unes à l'affût, les autres au châssis :
au moment du tir, les premières glissant dans les intervalles des lames du châssis subissent un serrage automatique, qui limite l'étendue du recul. Le second (pl. XII,
fig. 15) est formé par un piston, d, de $0^m,20$ de diamètre,
dont la tige est reliée aux flasques par un bras, a, et qui

(') Ce dispositif a été adopté aussi dans la marine française pour les canons de 24c
et de 27c. Voy. Gadaud, L'*Artillerie de la marine française en 1868*, page 99.

pénètre dans un cylindre, *bb*, plein d'eau ou d'huile, faisant corps avec le châssis; le piston est percé de quatre trous assez petits pour que le liquide ne s'écoule que sous la pression résultant du recul: quant au cylindre, il s'emplit par un trou, *f*, situé vers l'arrière, et se vide par un trou, *e*, situé vers l'avant.

Le matériel de côte comprend en outre quelques affûts du système *Moncrieff*, tous destinés au canon de 7 pouces; il n'en a été construit qu'un petit nombre. Dans ce système (fig. 16), on distingue l'*affût proprement dit*, les *élévateurs* et le *châssis tournant*.

L'affût proprement dit se compose de deux flasques, A, qui supportent la bouche à feu, et qui sont eux-mêmes supportés, à l'avant par les élévateurs, B, à l'arrière par des roulettes reposant sur un système de rails assez fortement inclinés. Les élévateurs sont reliés ensemble, d'un côté par les tourillons des flasques, de l'autre par une entretoise à laquelle est suspendu un contre-poids, P, notablement plus lourd que le canon; leur partie postérieure est garnie de dents qui engrènent avec celles d'une crémaillère horizontale; l'arc denté des élévateurs est formé par une courbe excentrique, sorte de développante tracée de manière que la bouche à feu, lorsqu'elle est chassée en arrière par le recul, *s'abaisse* en soulevant le contre-poids. Une fois au bout de sa course, elle est arrêtée par un déclic; on procède alors au chargement, devenu facile et peu dangereux; puis on lâche le déclic, et le contre-poids, dans lequel la force vive de recul s'était emmagasinée à l'état d'énergie potentielle, fait reparaître la pièce au-dessus du parapet ([1]).

([1]) Voir au sujet de l'affût Moncrieff, la *Revue maritime et coloniale*, nos de septembre, octobre et novembre 1868, et septembre 1869.

III. PROJECTILES ET MUNITIONS.

1º PROJECTILES POUR BOUCHES A FEU LISSES.

Ces projectiles sont :

Le boulet (canons);

L'obus ordinaire ou bombe (shellguns, obusiers et mortiers);

Le shrapnel à diaphragme $\Big\}$ canons et obusiers;
La mitraille, en boîtes ou en grappes

L'obus incendiaire Martin (shellguns);

L'obus incendiaire dit *carcass* (obusiers et mortiers);

La balle éclairante $\Big\}$ (mortiers).
La balle à fumée

Shrapnel à diaphragme. — Dans le shrapnel à diaphragme, inventé par le colonel Boxer, la charge est séparée des balles par une calotte en tôle de fer, *dd*, munie d'un rebord, *l*, qui pénètre dans la paroi du projectile (pl. XIII, fig. 35). Le plus grand des deux compartiments est occupé par les balles ; des gouttières ménagées dans la paroi, en vue de la rupture, y déterminent les plans de moindre résistance. On introduit les balles par un trou qui traverse le milieu du diaphragme, et on remplit leurs interstices en se servant de poussière de charbon ; on visse ensuite dans cette ouverture un tube (*ampoulette*) destiné à recevoir la fusée. L'autre compartiment est rempli par la charge : elle y est introduite par un trou latéral, que ferme un bouchon à vis ; dans ce compartiment vient déboucher une rainure pratiquée le long du tube qui contient la fusée, sur sa paroi interne. Comme tous les projectiles creux sphériques anglais, le shrapnel est muni d'un sabot en bois fixé, non par des bandelettes, mais au moyen d'un tenon en fer.

Obus Martin. — L'obus incendiaire Martin, employé contre les villes et contre les vaisseaux, est un projectile creux qu'on remplit de fonte en fusion au moment du tir; le métal, en se solidifiant dans l'œil, l'obture très-rapidement, et l'obus peut être introduit dans le canon quatre minutes environ après l'opération de remplissage. Son épaisseur est très-diminuée sur les côtés afin qu'il se brise facilement quand il frappe un obstacle résistant : la fonte se répand alors sur le sol, et met le feu aux corps combustibles. Le projectile agit encore avec efficacité comme boulet rouge une heure après qu'il a été rempli.

Carcass. — Le carcass (pl. XIII, fig. 33) est un obus rempli de composition incendiaire et percé de trois évents à chacun desquels correspond un dégorgement pratiqué dans la composition et contenant une amorce en pulvérin. Les jets de flamme sortent des évents avec une grande intensité, et durent de 3 à 12 minutes, suivant le calibre.

Balle éclairante. — La balle éclairante est principalement destinée, comme on le sait, à éclairer dans les siéges les travaux de nuit de l'ennemi. Les Anglais en ont de deux sortes, la *balle éclairante ordinaire*, qui brûle sur le sol après sa chute, et la *balle éclairante à parachute*, de l'invention du colonel Boxer. Celle-ci (pl. XIII, fig. 34) comprend : 1° une enveloppe extérieure en fer, 1, formée de deux calottes hémisphériques reliées et assemblées à leurs bases ; 2° un diaphragme intérieur en zinc, 2, séparé des calottes par un papier salpêtré, 3. La composition éclairante, 7, est contenue dans la calotte inférieure, et recouverte par un plateau en zinc solidement assujetti ; au point le plus bas est pratiquée une ouverture qui reçoit une amorce, 8, communiquant avec le papier salpêtré et pénétrant dans la composition éclairante.

Le parachute, 6, réuni au plateau par trois chaînes, est contenu dans la partie supérieure du diaphragme qui est elle-même reliée à la calotte-couvercle ; elle est ainsi emportée par l'explosion, et le parachute dégagé, se développe. L'explosion est produite par une charge, 5, placée au-dessus du diaphragme ; le feu y est mis au moyen d'une fusée à durée, 4 : il est communiqué aussitôt à l'amorce par le papier salpêtré, et un jet de flamme s'échappe par l'ouverture de l'hémisphère inférieur resté seul. Cette balle à feu est lancée par un mortier sous un très-grand angle (70° à 75°) ;

on règle la fusée de manière que la séparation des deux hémisphères ait lieu au commencement de la branche descendante de la trajectoire, et, à partir de ce moment, le projectile s'abaisse avec lenteur en projetant une vive lumière; la combustion dure environ trois minutes.

Balle à fumée. — La balle à fumée se compose d'une enveloppe sphérique dans laquelle est tassée une composition lente, produisant pendant sa combustion une fumée considérable. Elle est surtout employée dans la guerre de mines, et sert à rendre inhabitables les galeries ennemies.

Les éléments qui entrent dans la composition des quatre derniers artifices sont les suivants :

INGRÉDIENTS.	CARCASS.	BALLE ÉCLAIRANTE		BALLE à fumée.
		ordinaire.	à parachute.	
	kil.	kil.	kil.	kil.
Salpêtre	2,835	2,835	3,176	»
Soufre brut	1,134	1,134	»	»
Résine pilée.	0,850	0,850	»	»
Sulfure d'antimoine. . . .	0,283	»	»	»
Suif.	0,283	»	»	0,227
Térébenthine	0,283	»	»	»
Huile de lin bouillie. . . .	»	0,212	»	»
Fleur de soufre	»	»	0,510	»
Orpiment.	»	»	0,312	»
Pulvérin.	»	»	»	2,268
Salpêtre raffiné	»	»	»	0,454
Houille broyée.	»	»	»	0,680
Poix	»	»	»	0,907

2° PROJECTILES QUE LANCENT LES CANONS RAYÉS SE CHARGEANT PAR LA CULASSE.

Ces projectiles sont recouverts d'une enveloppe de plomb allié à 5 % d'antimoine. L'enveloppe est fixée sur la fonte au moyen d'une couche de zinc intermédiaire ([1]) ; elle a une épaisseur de un dixième de pouce (2^{mm},5) auprès du culot, réduite à une valeur moitié moindre sur le reste de la hauteur ; elle ne possède point de bour-

[1] Ce procédé a déjà été décrit dans la *Revue* (octobre 1872, page 86).

relets, mais présente une gorge ménagée entre les deux parties d'épaisseur différente, et destinée à recevoir l'excédant de métal refoulé pendant le trajet dans l'âme.

Les projectiles dont il s'agit se divisent en *obus à segments, obus ordinaire, shrapnel Boxer, boulet (shot)*, auxquels il faut ajouter la boîte à mitraille (*case-shot*) et le boulet d'exercice (*drill-shot*).

L'**Obus à segments**, dans lequel on avait espéré réunir les propriétés du boulet plein, du shrapnel, de la boîte à mitraille et même, dans une certaine mesure, de l'obus ordinaire, est organisé intérieurement de la manière suivante :

Des segments cylindriques en fonte (pl. XIII, fig. 31) sont disposés le long de la paroi intérieure, laissant au centre un vide qui est destiné à recevoir la charge d'éclatement, contenue dans un cylindre en tôle. On coule le long de la paroi intérieure formée par les segments un métal très-fusible (alliage de plomb, d'étain et d'antimoine) qui tapisse cette paroi sur une faible épaisseur et est destiné à empêcher les gaz de la charge explosive de pénétrer dans les joints des segments.

L'enveloppe extérieure est très-mince ; la capacité s'en trouve augmentée, et la résistance à l'éclatement diminuée : la disposition interne des segments, qui supportent cette enveloppe comme autant de voussoirs, et l'appui extérieur qu'à raison du forcement elle trouve en même temps dans la paroi du canon, ont permis de réduire cette épaisseur plus que dans tout autre système.

Cette construction, toute ingénieuse qu'elle est, n'a pas produit les résultats sur lesquels on comptait : la position donnée à la charge concourt avec la force centrifuge, au moment de l'explosion, pour imprimer aux segments une vitesse de projection trop forte dans le sens perpendiculaire à l'axe ; de plus la forme irrégulière des segments les rend trop sensibles à l'influence retardatrice de l'air.

L'**Obus ordinaire** a la même forme extérieure que l'obus à segments, mais il est plus long d'environ un demi-calibre, et sa tête est moins obtuse. Il est armé d'une fusée percutante ou à durée ; il doit agir principalement contre le matériel.

Dans le **Shrapnel Boxer**, l'enveloppe est cylindrique et ouverte à la partie antérieure. La charge d'éclatement est contenue dans une chambre située près du culot et séparée des balles par un disque en fer ou diaphragme. Le compartiment qui reçoit les balles est légèrement évasé vers l'avant, et sa paroi est affaiblie par des gouttières longitudinales ; son ouverture est fermée par une ogive *en bois* que maintient une calotte en fer, reliée elle-même au cylindre en fonte, au moyen de rivets. L'ogive est percée suivant son axe pour recevoir la fusée, et la communication avec la chambre à poudre est assurée par un tube central, traversant les balles. Lorsque la charge s'enflamme, la tête du projectile cède la première à l'action des gaz et les balles sont ensuite chassées en avant, formant une gerbe de mitraille semblable à celle que lancerait une bouche à feu.

Les **Projectiles massifs** existent pour tous les calibres, mais au-dessous de 40 livres, ils ne servent que pour les tirs d'exercice ou d'épreuve.

Le **Drill–shot** ou boulet d'exercice a un diamètre réduit lui permettant de passer librement dans l'âme du canon ; il est de plus recouvert de plomb jusque sur la pointe de l'ogive, afin que ses ballottements ne puissent pas produire de dégâts dans l'âme.

Dans les **Boîtes à mitraille**, les balles sont maintenues soit au moyen de résine, soit par des disques en bois où chacune d'elles a son logement (modèle *Reeves*).

Données principales concernant les projectiles des canons rayés
se chargeant par la culasse.

PROJECTILES.	LONGUEUR.	DIAMÈTRE MOYEN à l'arrière.	SEGMENTS gros		petits		Nombre total.	BALLES		CHARGE d'éclatement.	POIDS TOTAL.
			Nombre.	Poids.	Nombre.	Poids.		Nombre.	Poids.		
	mm	mm		gr		gr			gr	kil.	kil.
7 po. — Obus ordinaire....	401,3	180,0	»	»	»	»	»	»	»	2,949	40,710
Obus à segments...	355,1	id.	112	95	»	»	112	»	»	1,418	46,154
Boîte à mitraille...	262,9	»	»	»	»	»	»	77	227	»	31,300
64 liv. — Obus ordinaire....	352,5	164,8	»	»	»	»	»	»	»	2,041	31,300
Obus à segments...	302,5	id.	84	77	»	»	84	»	»	1,247	30,520
Boîte à mitraille...	231,1	»	»	»	»	»	»	56	227	»	22,560
40 liv. — Obus ordinaire....	344,4	122,8	»	»	»	»	»	»	»	1,020	18,395
Obus à segments...	269,7	id.	72	70	»	»	72	»	»	0,869	18,060
Shrapnel.......	315,0	id.	»	»	»	»	»	162	28	0,085	17,780
Boulet........	261,1	id.	»	»	»	»	»	»	»	»	18,680
Boîte à mitraille...	260,3	»	»	»	»	»	»	37	227	»	14,065
20 liv. — Obus ordinaire....	276,9	97,6	»	»	»	»	»	»	»	0,511	9,810
Obus à segments...	206,4	id.	56	48	14	30	70	»	»	0,045	9,164
Boulet........	210,3	id.	»	»	»	»	»	»	»	»	9,327
Boîte à mitraille...	238,8	»	»	»	»	»	»	41	113	»	7,144
12 liv. — Obus ordinaire....	215,9	78,0	»	»	»	»	»	»	»	0,270	5,000
Obus à segments...	171,4	id.	42	37	6	24	48	»	»	0,036	4,968
Shrapnel.......	213,6	id.	»	»	»	»	»	56	»	0,021	4,848
Boulet........	179,1	id.	»	»	»	»	»	»	»	»	5,245
Boîte à mitraille...	218,4	»	»	»	»	»	»	48	57	»	4,309
9 liv. — Obus ordinaire....	167,6	78,0	»	»	»	»	»	»	»	0,184	3,926
Obus à segments...	135,9	id.	35	42	7	34	42	»	»	0,019	3,905
Shrapnel.......	181,6	id.	»	»	»	»	»	42	»	0,021	3,941
Boulet........	143,0	id.	»	»	»	»	»	»	»	»	3,998
Boîte à mitraille...	176,5	»	»	»	»	»	»	36	57	»	3,105
6 liv. — Obus à segments...	127,5	65,3	12	28	18	23	30	»	»	0,013	2,544
Boulet........	134,6	id.	»	»	»	»	»	»	»	»	2,807
Boîte à mitraille...	167,6	»	»	»	»	»	»	44	28	»	2,154

3° PROJECTILES QUE LANCENT LES CANONS RAYÉS SE CHARGEANT
PAR LA BOUCHE.

Canon à rayure Shunt. — Le seul canon à rayure Shunt

encore en service, celui de 64 livres, lance un obus ordinaire, un shrapnel Boxer, et une boîte à mitraille ; les deux premiers projectiles ont trois couronnes d'ailettes.

Canons de Woolwich. — Les projectiles appartenant aux canons du système de Woolwich sont l'obus ordinaire, l'obus double *(double-shell)*, le shrapnel Boxer, l'obus Palliser, le boulet Palliser et la boîte à mitraille. Les cinq premiers sont munis d'ailettes formées par un alliage de 7 de cuivre et 1 d'étain ; elles sont disposées sur deux couronnes dont la distance est de :

7 po. ou 177^{mm},8 pour les projectiles du calibre de 12 po. ;
8   id. 203 ,8   id.   10 po. ;
6   id. 152 ,4   id.   9 po. ;
5   id. 127 ,0   id.   8 po. ;
4,6 id. 116 ,8   id.   7 po.

Sur l'ogive, à peu près à égale distance de la naissance et de la pointe, sont pratiquées deux encoches servant, lorsqu'on veut décharger la pièce, à en retirer le projectile à l'aide d'un instrument représenté (pl. XII, fig. 17).

L'obus ordinaire (pl. XIII, fig. 27) a environ trois calibres de longueur, et son ogive est décrite avec un rayon de un calibre et demi.

Le *double-shell* n'existe que pour deux calibres, le canon de 7 pouces, et celui de montagne de 7 livres ; ce dernier canon appartient à la série dite de Woolwich. Le premier (pl. XIII, fig. 28) a une longueur de près de quatre calibres et est renforcé intérieurement par trois nervures longitudinales ; ce projectile a été adopté en 1866 pour être tiré contre des navires en bois ou contre des ouvrages en terre et produit des effets très-redoutables en raison de la grande quantité de poudre qu'il renferme. Le second a environ quatre calibres et demi de longueur et est destiné à être tiré sous de grands angles avec une charge réduite (113 gr.).

Le *Shrapnel Boxer* (pl. XIII, fig. 26) est semblable, quant à l'organisation intérieure, à celui des canons Armstrong.

Les *projectiles Palliser, obus et boulet* (pl. XIII, fig. 29 et 30), destinés au tir contre les plaques de navires, sont *moulés en coquilles*, ce qui en augmente considérablement la dureté, aux dépens, il est vrai, de la ténacité. Leur longueur totale varie entre deux calibres et deux calibres et demi environ; leur culot est plat, et leur tête se termine en pointe; l'ogive est conservée intacte, la charge d'éclatement devant être introduite par l'arrière, et son inflammation, dans ce genre de tir, se produisant spontanément par le choc. Les boulets, excepté ceux du calibre de 7 pouces, sont toujours coulés à *noyau* (cored); le vide central ainsi ménagé est destiné à atténuer les conséquences de la contraction de la fonte, conséquences d'autant plus nuisibles que la masse est plus considérable.

Canons de campagne. — Les canons de campagne de 9 et de 16 livres se chargeant par la bouche, adoptés depuis 1870, lancent un obus ordinaire, un shrapnel Boxer et une boîte à mitraille représentés respectivement, pour le calibre de 9 livres, par les fig. 25, 24, 32 (pl. XIII); on remarquera que l'obus à segments a été abandonné. Les ailettes sont en laiton; elles forment deux couronnes qui sont aussi près que possible, l'une de la tête, l'autre du culot. Les balles des shrapnels et des boîtes à mitraille sont en alliage de plomb et d'antimoine.

Il existe, en général, de ces divers projectiles, plusieurs modèles qu'on distingue par des numéros; le tableau suivant renferme les principales données relatives aux derniers modèles adoptés.

PROJECTILES.	DATE DU MODÈLE.	LONGUEUR.	DIAMÈTRE de la partie cylindrique		NOMBRE ET POIDS des balles.	CHARGE d'éclatement.	Poids total avec tolérance de ± 4 4/3 pour cent.
			maximum toléré.	minimum toléré.			
		mm	mm	mm		k	k
15 po. Obus ordinaire .	1867	749,3	329,7	329,3	»	14,771	272,0
Obus Palliser ..	1867	693,4	id.	id.	»	8,165	280,0
[12 po. Obus ordinaire .	1869	762,0	303,0	302,5	»	15,877	224,5
Shrapnel	1870	781,0	id.	id.	530 b. en f⁰ de 113 gr.	0,511	225,0
Obus Palliser ..	1870	741,7	id.	id.	»	6,351	272,0
Boulet Palliser .	1870	665,5	id.	id.	»	»	272,0
10 po. Obus ordinaire .	1868	825,5	252,2	251,7	»	11,907	181,4
Shrapnel	1869	809,7	id.	id.	488 b. en f⁰ de 113 gr.	0,454	173,8
Obus Palliser ..	1870	668,0	id.	id.	»	3,119	181,4
Boulet Palliser .	1870	622,3	id.	id.	»	»	181,4
Boîte à mitraille	1868	243,8	253,7	249,9	136 b. en f⁰ de 227 gr.	»	59,0
9 po. Obus ordinaire .	1868	679,4	226,8	226,3	»	8,165	113,4
Shrapnel	1868	666,7	id.	id.	564 b. en f⁰ de 57 gr.	0,284	113,4
Obus Palliser ..	1870	519,4	id.	id.	»	2,495	113,4
Boulet Palliser .	1870	485,1	id.	id.	»	»	113,4
Boîte à mitraille.	1868	231,1	226,6	224,5	113 b. en f⁰ de 226 gr.	»	45,4
8 po. Obus ordinaire .	1868	613,9	201,4	200,9	»	5,897	81,6
Shrapnel	1868	500,5	id.	id.	376 b. en f⁰ de 57 gr.	0,227	78,9
Obus Palliser ..	1870	488,9	id.	id.	»	2,041	81,6
Boulet Palliser .	1870	442,0	id.	id.	»	»	81,6
Boîte à mitraille.	1868	213,4	201,2	199,4	75 b. en f⁰ de 227 gr.	»	80,8
7 po. Obus ordinaire .	1868	518,2	176,0	175,5	»	3,742	52,2
Shrapnel	1868	500,9	id.	id.	227 b. en f⁰ de 57 gr.	0,198	51,0
Obus Palliser ..	1870	419,1	id.	id.	»	1,134	52,2
Boulet Palliser .	1870	373,4	id.	id.	»	»	52,2
Boîte à mitraille.	1868	260,3	175,8	174,2	74 b. en f⁰ de 227 gr.	»	30,4
Double Shell. . .	1866	690,9	176,0	175,5	»	5,783	72,3
16 liv. Obus ordinaire .	1871	250	90,0	»	»	0,453	7,250
Shrapnel	1871	250	»	»	63 balles de 18 à la liv. et 56 de 84.	(?)	7,250
Boîte à mitraille.	1871	»	»	»	110 b. de 16 1/2 à la liv.	»	(?)
9 liv. Obus ordinaire .	1870	201,2	74,9	74,4	»	0,205	4,082
Shrapnel	1870	»	id.	id.	28 b. de 18 à la livre et 35 de 34.	0,028	4,195
Boîte à mitraille.	1870	»	»	»	110 b. de 16 1/2 à la liv.	»	(?)
7 liv. Obus ordinaire .	1865	179,1	74,9	74,3	»	0,198	3,300
Double Shell. . .	1868	334,0	id.	id.	»	0,454	6,578
Shrapnel	1867	165,1	id.	id.	22 b. de 18 à la livre et 21 de 34	0,014	3,321
Boîte à mitraille.	1867	132,1	75,0	74,3	110 b. de 16 1/2 à la liv.	»	2,381

4° FUSÉES.

Les fusées en service dans l'artillerie anglaise sont nombreuses et variées. On distingue les *fusées à durée*, qui sont des systèmes Boxer et Armstrong, et les *fusées percutantes*, qui sont des systèmes Armstrong et Pettmann; on ne décrira que les modèles les plus usités ou les plus récents.

Fusées à durée. — Les *fusées Boxer* sont en bois. La composition y est tassée dans un canal creusé suivant l'axe, qui pénètre jusqu'à 6ᵐᵐ environ du petit bout de la fusée. Deux canaux latéraux, partant du même bout, s'élèvent jusqu'aux premières tranches de la composition. Ils sont remplis de poudre à mousquet. Chacun d'eux est mis en communication avec l'extérieur par une série de trous perpendiculaires à l'axe, obturés au moyen de la terre de pipe. Ces trous sont numérotés, et ceux de droite correspondent aux milieux des intervalles de ceux de gauche, en sorte que l'ensemble forme une série continue croissant par demi-seconde; au moment du tir et avant d'adapter la fusée au projectile, on débouche avec une vrille le trou indiqué et on le prolonge jusqu'à la composition centrale.

Les fusées destinées aux pièces se chargeant par la bouche sont *à calice;* c'est une fusée de ce genre qui est employée avec le shrapnel sphérique à diaphragme décrit plus haut (page 347); dans ce cas, on débouche aussi avec la vrille le trou qui se trouve à hauteur de l'orifice de l'ampoulette communiquant avec la charge, mais en ayant soin, bien entendu, de ne pas le prolonger jusqu'à la composition fusante. C'est également une fusée de ce genre qui est employée avec les nouveaux canons de campagne de 9 et de 16 livres; pendant le transport, l'obus est fermé par un tampon qu'on dévisse, au moment du tir, avec une clé carrée fixée sur l'arrière du coffre; après avoir remplacé le tampon par la fusée, on assujettit celle-ci en frap-

pant légèrement l'obus contre le coffre ; l'inertie achève
de la fixer lorsque le projectile part.

Lorsque les fusées doivent être employées avec des
pièces se chargeant par la culasse, l'amorce est remplacée
par un appareil percutant, formé (pl. XII, fig. 18) d'un
cylindre creux en métal qui se visse à la tête de la fusée.
Au fond du cylindre, percé d'un petit trou, se trouve un
logement pour une composition détonante formée de
6 parties de chlorate de potasse, 4 de sulfure d'antimoine
et 4 de fulminate de mercure. A la partie antérieure, un
percuteur, présentant à sa base une saillie taillée en
biseau, est maintenu par un fil de soutien qui se brise au
départ du projectile. Des évents sont ménagés dans le
corps de fusée au-dessous de l'appareil percutant, afin
que les gaz produits pendant le trajet puissent s'écouler
au dehors.

Ces fusées sont désignées par leur durée maximum;
on distingue celles de 5, 9, 15 et 20 secondes. Ces dernières, beaucoup plus longues que les autres, n'ont pas de
canaux latéraux et les numéros indiquant les durées sont
disposés en hélice. Dans les fusées de 5, 9 et 20 secondes,
la composition est formée de

Salpêtre	1,474
Soufre	0,454
Pulvérin	1,247

et brûle avec une vitesse de 5^{mm} par seconde; dans celles
de 15 secondes, elle est formée de

Salpêtre	0,738
Soufre	0,241
Pulvérin	0,397

et brûle avec une vitesse de 3^{mm},4.

Les *Fusées Armstrong à durée* sont des fusées métalliques
et à rotation [1]; il n'y en a plus que deux modèles en
service, désignés par les lettres E et F et datant respecti-

---

[1] Voir la *Revue d'artillerie*, liv. d'octobre et de décembre 1872, pages 87 et 181.

vement de 1866 et 1867; la fig. 19, pl. XII, représente le
second, qui est une *fusée mixte*. L'appareil détonant qu'on
voit sur le côté gauche de la figure est disposé pour fonctionner au départ du projectile; il met le feu à la composition tassée dans un canal annulaire sur la table du corps
de fusée. Le disque qui recouvre celle-ci, et dont la base
forme la paroi supérieure du canal, renferme une chambre
remplie de pulvérin et ayant deux ouvertures, dont l'une
peut être amenée au-dessus d'un point de la composition
plus ou moins éloigné de l'origine, tandis que l'autre
débouche sur une gorge annulaire creusée autour de
l'arbre central. Dès que la composition fusante a brûlé
jusqu'au méridien correspondant à l'ouverture inférieure,
la flamme se communique à la poudre, se répand dans la
gorge annulaire et gagne le compartiment opposé, qui est
parallèle à l'axe et débouche à la base du corps de fusée.
Dans ce compartiment est installé un second appareil percutant, disposé de manière à fonctionner à l'arrivée du
projectile, dans le cas où le premier aurait raté et dans
celui où l'on aurait réglé la fusée pour une distance trop
grande.

Fusées percutantes. — Les fusées percutantes Armstrong
sont *à double réaction*. Il y en a aussi plusieurs modèles;
la fig. 20, pl. XII, représente celle qui est destinée au
matériel de campagne et dont l'obus ordinaire est pres-
qu'exclusivement armé, la fusée en bois précédemment
décrite étant réservée au shrapnel. Cette fusée percutante
est munie d'une broche de sûreté, dans la bouche de
laquelle passe un fil de laiton qui entoure la fusée et porte
au bout un ruban; en tirant celui-ci, on dégage le fil de
laiton et on retire facilement la broche. Au départ du projectile, le manchon en bronze, *c*, en vertu de l'inertie, brise
les oreilles *d*, *d*, du percuteur, qui est en métal cassant; à
l'arrivée, celui-ci, dont la masse se trouve augmentée de
celle du manchon, est projeté en avant, et l'amorce qu'il

porte dans sa base antérieure s'enflamme au contact de la pointe qu'elle vient heurter.

La fusée *Pettmann*, destinée à la fois aux deux services de terre et de mer (*Pettmann's general service fuze*), se compose des parties suivantes (pl. XII, fig. 21) :

1° Corps de fusée en bronze ;

2° Couvercle en bronze ;

3° Balle sphérique, en alliage de 7 parties d'étain et 3 de zinc ;

4° Percuteur en bronze ; sur sa base supérieure est creusée une rainure circulaire 5, dans laquelle a été comprimée une composition fulminante et d'où partent deux canaux tronconiques débouchant sur la base opposée ;

6° Boule massive en bronze, à surface rugueuse, recouverte par une composition fulminante, mélange pâteux de chlorate de potasse (12 parties), sulfure d'antimoine (12 parties), fleur de soufre (1 partie), pulvérin (1 partie), alcool et gomme-laque ; la rainure 7 n'a d'autre objet que d'augmenter l'adhérence de cette composition, qui est recouverte par deux calottes sphériques en cuivre très-mince, au-dessus desquelles est fixée une enveloppe en gaze de soie enduite de vernis ;

8° Masselotte ; elle renferme une chambre pleine de poudre tassée, dans laquelle débouchent un canal central et deux canaux obliques. La boule détonante 6 est maintenue entre le percuteur et la masselotte par des tourillons qui s'engagent dans deux mortaises placées sur l'axe du corps de fusée ;

9° Anneau de calage en plomb, assemblé avec la masselotte 8 par un rebord pénétrant dans une rainure pratiquée sous la tête de celle-ci ; il est écrasé par la masselotte au départ du projectile et se loge tout entier dans un élargissement de la paroi ménagé près du fond ;

10° Fil de soutien de la masselotte ; il est appliqué contre le fond du corps de fusée et constitue la principale garantie contre tout déplacement de la masselotte, car sans lui l'anneau en plomb céderait peu à peu aux chocs;

11° Disque en carton fermant le corps de fusée.

Pour monter la fusée, on commence par réunir les pièces 8, 9, 10; on dispose dans le fond du corps de fusée le système ainsi formé, on met en place la boule détonante, puis le percuteur, la petite boule et, enfin, le couvercle. Au départ du projectile, la masselotte, brisant son fil de soutien et écrasant l'anneau en plomb, se projette dans le trou du fond de la fusée et chasse devant elle le disque en carton; la boule détonante se dégage de ses appuis et, à l'arrivée, elle s'enflamme en venant frapper violemment contre une des parois de l'espace où elle est enfermée. En outre, le percuteur, cessant d'être soutenu aussitôt que le projectile a quitté la pièce, cesse lui-même de maintenir la balle 3, que le mouvement de rotation amène près de la paroi, c'est-à-dire au-dessus de la rainure circulaire renfermant de la composition fulminante; à l'arrivée, il se produit entre celle-ci et la balle un choc qui constitue un deuxième moyen d'inflammation.

5° CHARGES.

La poudre anglaise est formée de 75 parties de salpêtre, 10 de soufre et 15 de charbon. On distingue dans le service les poudres:

L G (*large grain*), ancienne poudre à canon; on n'en fabrique plus, mais il en existe un stock considérable;

F G (*fine grain*), ancienne poudre à fusil;

R L G (*rifle large grain*), poudre pour canons rayés;

R F G (*rifle fine grain*), poudre pour fusils rayés;

Shell L G, poudre avec laquelle sont faites les charges d'éclatement des obus ordinaires et des obus Palliser;

Shell F G, ou *service-pistol*, qui sert pour le tir des pistolets et pour l'éclatement des shrapnels;

Pellet (poudre en pastilles), dont le grain a la forme d'un cylindre équilatère de 12 à 15 millimètres de haut, évidé jusqu'à mi-hauteur dans une des bases; elle n'est employée qu'avec les canons de gros calibres.

Pour les canons Armstrong, la charge est ordinairement fixée au $\frac{1}{8}$ du poids nominal du projectile; elle est contenue (pl. XII, fig. 22) dans un sachet en flanelle croisée, garni à sa partie antérieure d'un *valet lubrificateur* qui se compose de trois parties superposées, savoir : une lentille en cuivre mince remplie d'un mélange de suif et d'huile de lin, un gâteau de cire évidé en son milieu, et un culot en carton. Pour les gros calibres, le lubrificateur est placé hors du sachet, auquel le relie une cheville en bois; pour les petits calibres, il est logé dans le sachet au-dessus de la poudre. Les gargousses de 20, 40, 64 livres et de 7 pouces portent à leur centre un cylindre creux en carton destiné à diminuer la densité de chargement, sans qu'il reste entre le devant de la gargousse et le culot du projectile un vide nuisible à la conservation de la pièce.

Pour les canons de gros calibre, on distingue la charge ordinaire (*service-charge*) et la charge de perforation (*battering-charge*), qui n'est employée qu'avec les projectiles Palliser dans le tir contre des cuirasses. Ces charges sont respectivement :

Pour le canon de 7 po., $\frac{1}{8}$ et $\frac{1}{5}$ du poids du projectile;

id.   8 po., $\frac{1}{9}$ et $\frac{1}{6}$ id.

id.   9 po., $\frac{1}{8}$ et $\frac{1}{6}$ id.

id.   10 po., $\frac{1}{10}$ et $\frac{1}{6}$ id.

id.   12 po., $\frac{1}{12}$ et $\frac{1}{9}$ id.

Pour les canons de campagne de 9 et de 16 livres se chargeant par la bouche, les charges de plein fouet sont $0^k,794$ et $1^k,361$, c'est-à-dire $\frac{1}{5,1}$ et $\frac{1}{5,3}$ du poids du projectile.

Le tableau suivant fait connaître les vitesses initiales obtenues avec les principales bouches à feu.

	CANONS.	CHARGES.		PROJECTILES.		Vitesse initiale en mètres.
		Poids en kilog.	Nature de la poudre.	Nature.	Poids en kilog.	
Se chargeant par la bouche.	13 po. 25 to.	31,750	RLG.	Palliser.	280	372
		30,390	RLG.	id.	272	360
	12 po. 25 to.	36,514	pellet.	id.	272	396
	11 po. 25 to.	36,514	pellet.	id.	243	401
		27,215	RLG.	id.	181	396
	10 po. 18 to.	31,751	pellet.	id.	181	416
	9 po. 12 to.	19,505	RLG.	id.	113	407
		22,680	pellet.	id.	113	433
	8 po. 9 to..	13,608	RLG.	id.	81	415
		15,876	pellet.	id.	81	431
	7 po. 7 to..	9,980	RLG.	id.	52	444
	7 po. 6 ½ to.	9,980	RLG.	id.	52	436
		13,608	pellet.	id.	52	465
	64 liv. 64 cwt.	3,629	RLG.	Obus ordinaire.	29,029	357
	16 liv. 12 cwt.	1,361	RLG.	id.	7,250	430
	9 liv. 8 cwt..	0,794	RLG.	id.	4,082	420
	9 liv. 6 cwt..	0,681	RLG.	id.	4,082	376
	7 liv. 150 cwt. (acier) . .	0,170	FG.	id	3,300	205
Se ch. pr la culasse.	7 po. 82 cwt.	4,990	RLG.	id.	40,820	355
	64 liv. 61 cwt. à coin. . .	4,082	RLG.	id.	29,030	366
	40 liv. 35 cwt.	2,268	RLG.	id.	18,600	360
	20 liv. 16 cwt.	1,134	RLG.	id.	9,526	344
	20 liv. 13 cwt.	1,134	RLG.	id.	9,526	305
	12 liv. 8 cwt..	0,681	RLG.	Obus à segments.	5,330	357
	9 liv. 6 cwt..	0,511	RLG.	id.	4,195	322

IV. EFFETS DU TIR.

Le tableau suivant fait connaître les tangentes des angles de projection des canons de campagne de 9 livres et de 16 livres se chargeant par la bouche, et pour le canon Armstrong de 20 livres.

DISTANCES de tir.	CANON de 9 liv. 8 cwt. (charge 0ᵏ,794).	CANON de 16 liv. 12 cwt. (charge 1ᵏ,361).	CANON de 20 liv. 16 cwt. Armstrong (charge 1ᵏ,134).
mètres.			
500	0,0130	0,0104	0,0218
1,000	0,0340	0,0328	0,0478
1,500	0,0605	0,0568	0,0780
2,000	0,0937	0,0847	0,1100
2,500	0,1328	0,1150	0,1436
3,000	0,1807	0,1500	0,1790
3,500	,	0,1885	,

On pourra calculer, avec les données précédentes, les éléments qui définissent la tension de la trajectoire, savoir l'angle de chute et la zone dangereuse, ainsi que ceux qui définissent la puissance de pénétration du projectile, c'est-à-dire la vitesse et la force vive restantes à l'arrivée. Mais les éléments par lesquels se représente la justesse du tir ne peuvent pas se déduire ainsi par le calcul, et d'autre part, on ne les trouve pas en général dans les tables de tir anglaises. On n'a donc à ce sujet que des données fort incomplètes.

De quelques nombres donnés par le colonel Berge ([1]), il résulterait que pour le canon de 9 livres, les écarts probables en hauteur et en direction, aux distances de :

$$1\,400^m - 2\,000^m - 2\,400^m - 2\,800^m - 3\,000^m$$

seraient respectivement de :

$$1^m,22 \quad - \quad 2^m,03 \quad - \quad » \quad - \quad 2^m,53 \quad - \quad 5^m,51$$
$$0^m,57 \quad - \quad 1^m,65 \quad - \quad 0^m,58 \quad - \quad 0^m,96 \quad - \quad 2^m,70$$

Mais ces résultats sont trop peu nombreux et trop irréguliers pour permettre une interpolation. Suivant d'autres renseignements, le canon de 16 livres aurait eu, à la distance de 3 450 mètres, un écart probable en portée égal à $18^m,75$, et un écart probable en direction égal à $2^m,80$.

V. ORGANISATION.

L'artillerie anglaise forme un seul régiment, qui est indépendant des autres armes en temps de paix, et comprend :

	6 brigades d'artillerie à cheval ;
	8	id.	d'artillerie de campagne ;
	14	id.	d'artillerie de place ;
	3	id.	mixtes (de place et de campagne) ;
	1	id.	de dépôt ;
	1	id.	de côte.

La brigade est composée d'un nombre variable de batteries, 8 en moyenne.

([1]) *Rapport sur le canon de campagne anglais, modèle 1870.*

Batteries de campagne. — Avant 1870, les batteries de campagne se divisaient en :

Batteries à cheval, armées de 6 canons Armstrong de 9 livres;

id.   de campagne (à pied ou montées), armées de 6 can. Armst. de 9 liv.;

id.   lourdes, armées de 6 canons Armstrong de 20 livres;

id.   de position armées de 4 canons Armstrong de 40 livres;

id.   de montagne, armées de 4 canons de 7 liv. se ch. par la bouche.

Aujourd'hui les canons Armstrong sont remplacés plus ou moins complétement par des canons se chargeant par la bouche, savoir : ceux de 9 et de 12 livres par le canon de 9 livres, celui de 20 livres par le canon de 16 livres, enfin celui de 40 le sera probablement par le canon de 25.

Sur le pied de guerre, une batterie de 9 livres comprend 25 voitures, et une batterie de 16 livres 31 voitures, qui se décomposent ainsi :

1° 6 pièces; elles sont attelées à six chevaux dans la batteries de 9 livres, et à huit dans celle de 16 livres, mais ce dernier nombre sera probablement réduit à six;

2° 11 caissons à munitions d'artillerie dans les batteries de 9 livres et 12 dans celles de 16 livres;

3° 1 caisson à munitions pour armes portatives dans les batteries de 9, et 6 dans celles de 16 livres;

4° 1 affût de rechange;

5° 1 forge;

6° 1 *store-wagon*, portant des outils et attirails divers;

7° 1 *store-cart*, voiture à bagages dans laquelle on porte aussi les registres de batterie et divers menus objets;

8° 2 chariots de batterie servant au transport des fourrages;

9° 1 caisson à fusées de guerre (*Rocket-wagon*). Ces fusées, du système *Hale*, sont *sans baguette*. A leur partie postérieure est vissé un culot (pl. XII, fig. 23), percé de trois évents droits, auxquels font suite trois ailettes en forme de gouttières demi-cylindriques; les gaz de la composition, en s'échappant par les évents, font tourner la fusée en vertu des pressions latérales qu'ils exercent contre les faces intérieures des ailettes; la rotation ainsi produite

permet de supprimer la baguette employée dans les autres
systèmes.

Les munitions sont réparties de la manière suivante :

	BATTERIE DE 9 LIV. se chargeant p^r la bouche.	BATTERIE DE 16 LIV. se chargeant p^r la bouche.
Dans les coffrets d'affûts. . .	4 boîtes à mitraille.	4 boîtes à mitraille.
Dans les coffres d'avant-train de la pièce	8 obus ordinaires. 16 shrapnels. 6 boîtes à mitraille.	8 obus ordinaires. 14 shrapnels. 4 boîtes à mitraille.
Dans chaque caisson	24 obus ordinaires. 48 shrapnels. 18 boîtes à mitraille.	22 obus ordinaires. 48 shrapnels. 2 boîtes à mitraille.

Équipage de siège. — Une circulaire de 1870 /Revised army
regulations, 1870/ donne, comme type, la composition suivante d'un parc de siège de 105 bouches à feu :

Canons de 7 po., sur affûts de marine . . 25
    id.   de 64 liv., sur affûts de siège. . . 20
    id.   de 40 liv.,   id . . . . 30 } 105 ;
Mortiers de 10 po. en fer 15
    de 5 $\frac{1}{2}$ po. en bronze 15

Obus ordinaires : de 7 po., 7 500; de 64 liv., 6 000; de 40 liv., 9 000;
Obus à segments : de 7 po., 1 875; de 40 liv., 2 250;
Shrapnels : de 7 po., 1 875; de 64 liv., 3 000; de 40 liv., 2 250;
Boîtes à mitraille : de 7 po., 1 250; de 64 liv., 1 000; de 40 liv., 1 500;
Bombes : de 10 po., 6 750; de 5 $\frac{1}{2}$ po., 7 500 ;
Balles éclairantes : de 10 po., 375
Carcass :   —   375
Fusées de signaux :   —   500
Fusées incendiaires : —   2 000.

Établissements de l'arme. — A l'artillerie se rattachent :

Le *Deputy Adjudant-General's Department*, chargé, sous le
contrôle du commandant en chef de l'armée anglaise, de
la discipline, des promotions, et de la distribution des bri-
gades;

Le *Department of the direction of artillery and stores*, qui
préside à l'armement, détermine les modifications à intro-

duire dans le matériel, et a la haute main sur les manufactures;

Les *Manufacturing-Departments*, comprenant les diverses
fabrications réunies à Woolwich (bouches à feu, affûts,
projectiles), et la poudrerie de Waltham-Abbey;

Les *Instructional-Departments*, comprenant : — l'Académie royale militaire, à Woolwich, où se préparent des
cadets pour les services de l'artillerie et du génie; —
l'École d'artillerie, de Woolwich, pour l'instruction scientifique supérieure des officiers et leur instruction générale
en tout ce qui concerne le matériel; l'école pratique, à
Shoeburyness, pour les officiers et la troupe; — enfin
l'École d'équitation, à Woolwich, pour les officiers, les
cadets et la troupe.

Nancy, Imprimerie Berger-Levrault et Cie.

Fig. 8 Fusée de shrapnel (Siege r.½)
mécan?

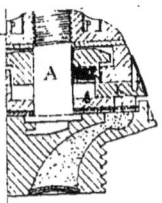

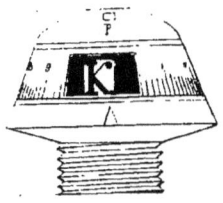

Corps de fusée

8a Disque à composition

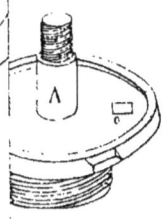

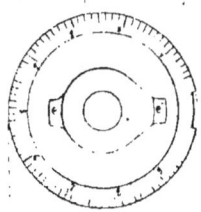

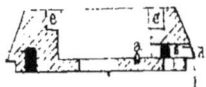

2,c ⅙

8d. Clavette (1)

2,f

Bague (½)

9 a Disque à composition

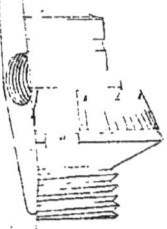

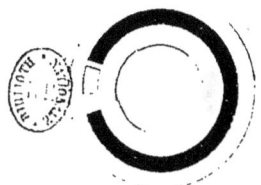

Fig. 1 Profil des rayures (Grandeur naturelle)
1a Canon de 8ᵐ de campagne. Coupe des rayures.
au fond de l'âme — à droite

1b Canon de 12 culasse — Coupe des rayures
au fond de l'âme — à droite

1c Canon de 16ᵐ en acier fondu. Mod⁰ 1863. Coupe des rayures.
au fond de l'âme — à droite

Fig. 2 Fermeture à coins (Canon de gr. de campagne)
2 a Culasse fermeture mobile — 2 b

Fig. 7 — Fig. 8

Fig. 3 — Fig. 4

Fig. 5 — Fig. 6

...sse le mexo, le mecanisme enlevé.

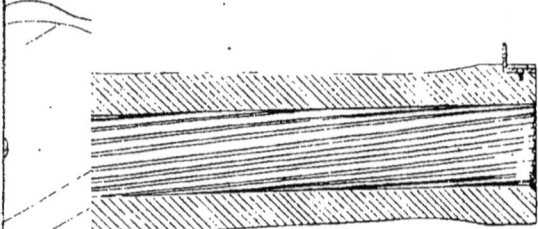

11.e Coin de derrière   Fig 14. Anneau Broadwell

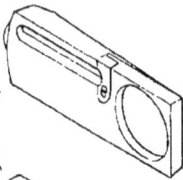

de camp

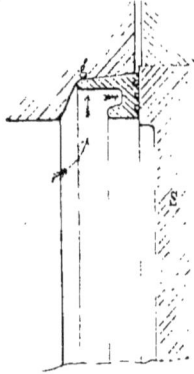

12,b.1

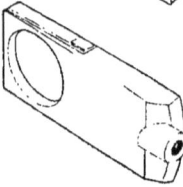

noture Krupj

necanisme   13,b Elevation laterale *(Côte gauche)*

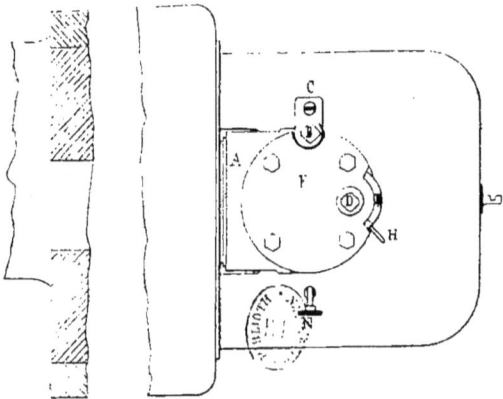

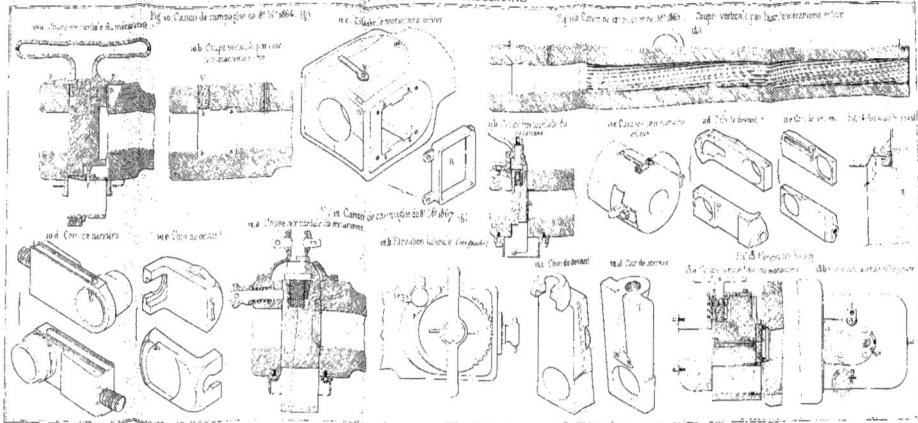

18. Affût de 12ᵉ de siége.

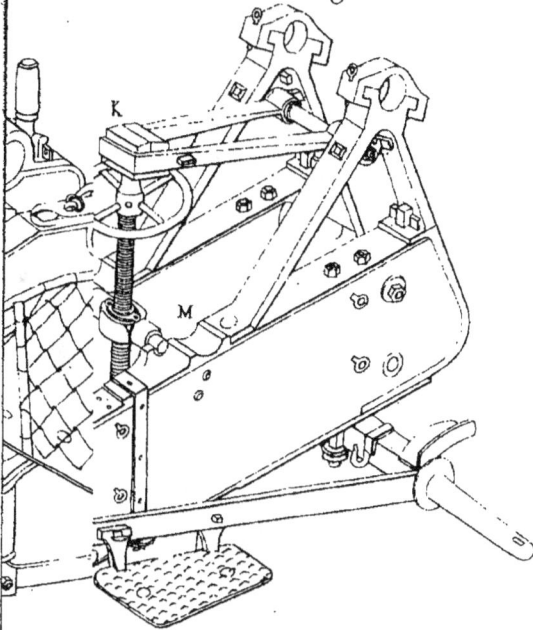

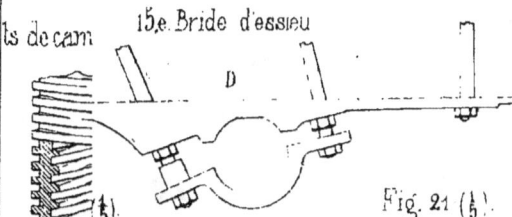

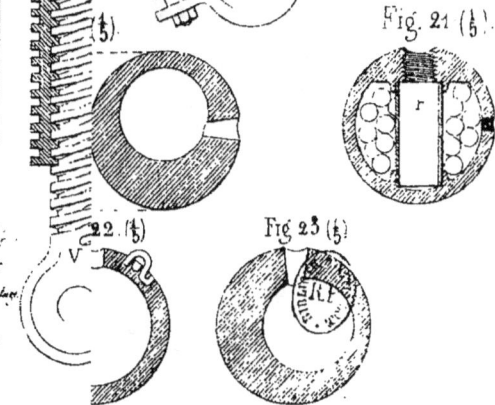

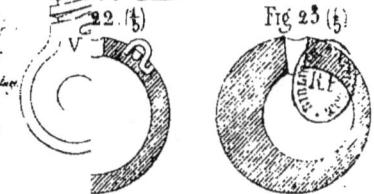

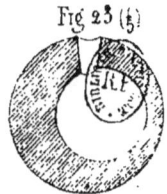

15.e. Bride d'essieu

ts de cam

D

(½).

Fig. 21 (⅕).

r

22. (⅓)

V

Fig 23 (½)

Fig. b Coffret d'afffût.

Fig. 13 a Affût de campagne.

Fig. 17 Moyeu schéma de la roue de campagne.

Fig. 18 Affût de 12 de siège.

Fig. 16 Support de voiture des affûts de campagne.

Fig. 15 Coupe de l'intérieur de crosse.

Fig. 19 Sommier inférieur (¼).

Fig. 20 (¼)

Fig. 21 (¼)

Fig. 22 (¼)

Fig. 23 (¼)

4. 2. Fusée de shrapnel de campagne.

(⅓)

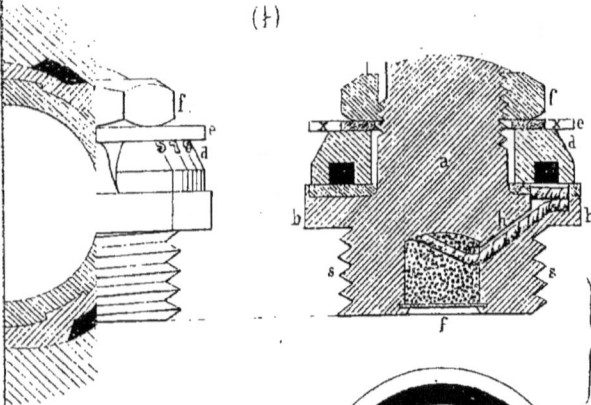

aire de 4

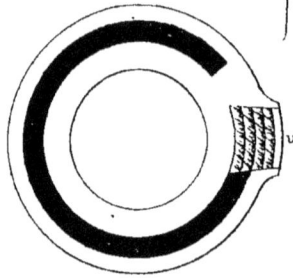

e campag

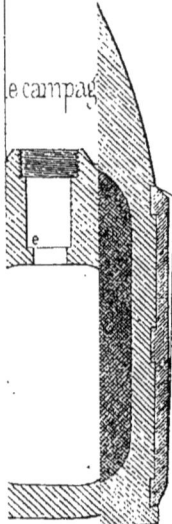

Fig. 15. Shrapnel d'obusier de 7^{br}.

(⅔)

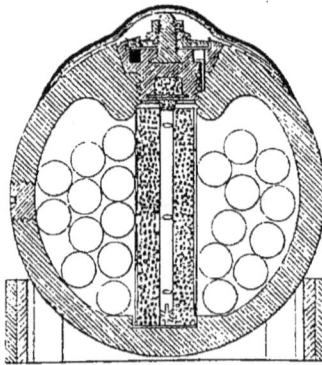

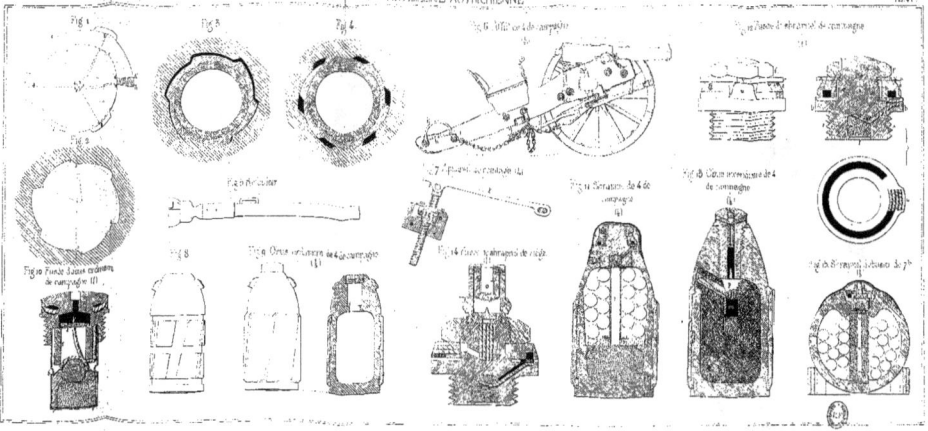

Canon de 7^{ts} se chargeant par la bouche. ($\frac{1}{32}$).

Fabrication d'avant 1868.

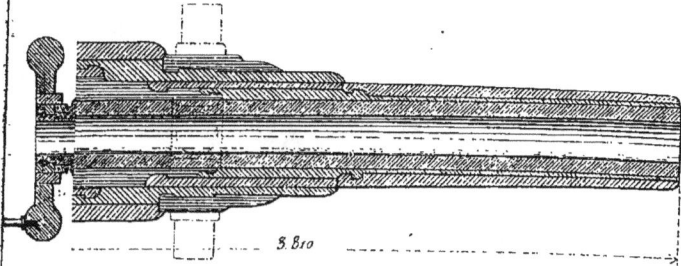

3.810

Fig.8. *Fabrication actuelle*

4.Ra

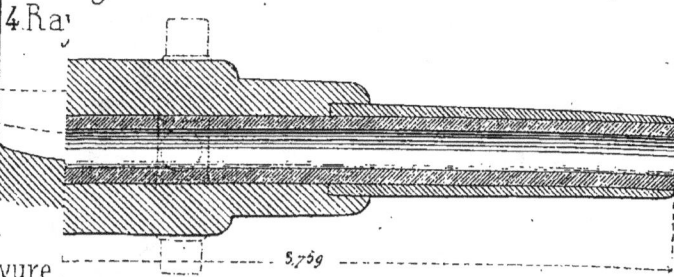

5,759

yure

veaux 9.10 Canon en fonte, tubé en fer forgé

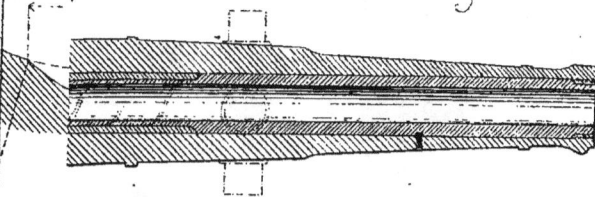

de 16 de campagne, se chargeant par la bouche ($\frac{1}{16}$)

eArm

de 40 liv

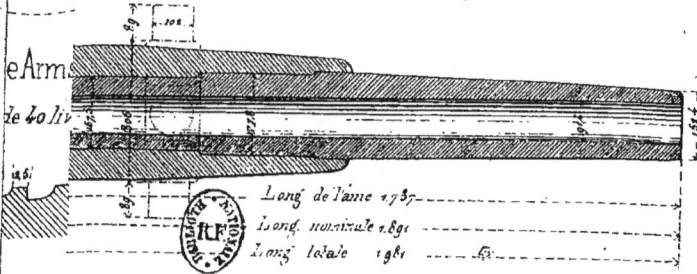

Long. de l'ame 1.757
Long. nominale 1.891
Long. totale 1.981

Fig. 1. Canon Armstrong de 20 liv. 18 cwt. S.S.
1 a. Élévation latérale du canon (⅛)

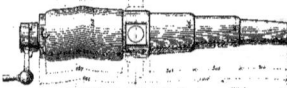

Fig. 3. Détails de la fabrication des canons Armstrong.
Canon de 64 liv. 58 cwt. (⅛)

Fig. 7. Canon de 7 ¼ se chargeant par la bouche (¼)
Fabrication d'avant 1858

1 b. Détails de la hausse (¼)

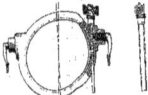

1 c. Cuirasse mobile (¼)

Fig. 4. Rayure de Woolwich

Fig. 5. Rayure Shunt

Fig. 8. Fabrication actuelle

Fig. 6. Rayure française modifiée
Nouveaux canons de campagne

5 a. Le projectile entrant dans le canon

5 b. Le projectile sortant du canon

Fig. 9. Canon en fonte tubé en fer forgé

1 d. Vis creuse (¼)

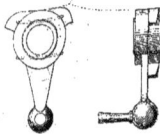

Fig. 2. Rayure Armstrong
Canon de 7 lb

Fig. 11. Canon de 9 de campagne, se chargeant par la bouche (¼)

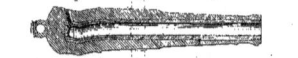

Fig. 10. Canon de 16 de campagne se chargeant par la bouche (¼)

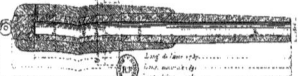

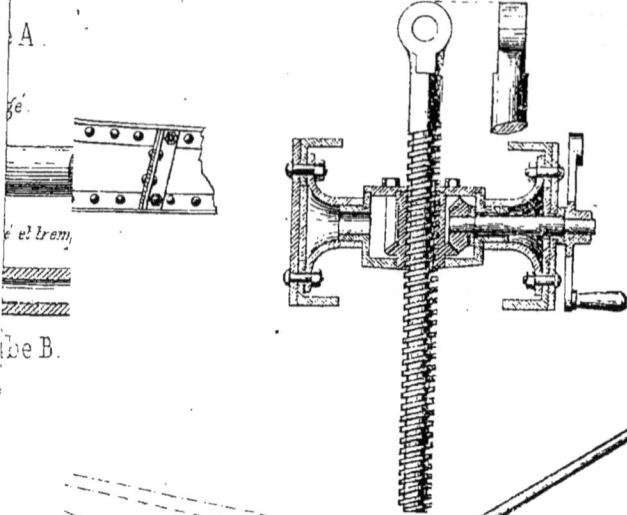

puces pagne.

A.

ge.

e et trem.

be B.

Coupe suivant CD.

s deux

r le tub

Coupe suivant AB

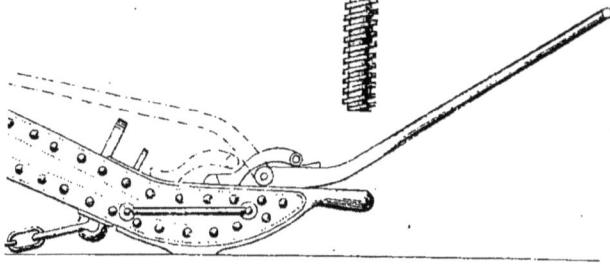

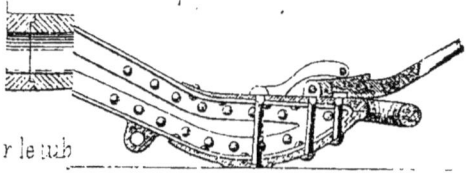

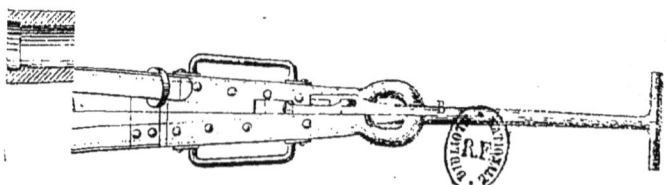

Fig. 9. Détails de la fabrication, Fraser, pour un canon de 7, 8 ou 9 pouces

9.c.Manchon de culasse

Partie postérieure
(Vissé extérieurement)

Anneau porte-tourillons

Partie antérieure
(Vissée extérieurement)

9.4.Tube A

Forgé

Travail d'ébauche

9.b.Tube B

Avant de forgé

Après le forgé et le tournage

Fraser, avec trois parties

Manchon de culasse, terminé et posé sur la tube

Tube B terminé et posé sur le tube A

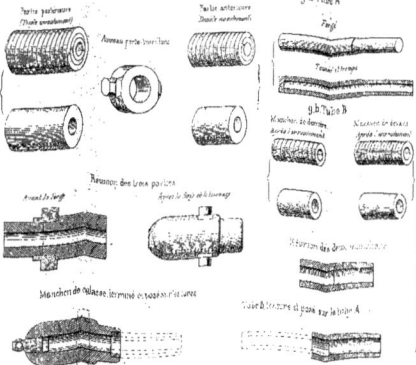

Fig. 13. Affût en fer, du canon de 9 liv. de campagne

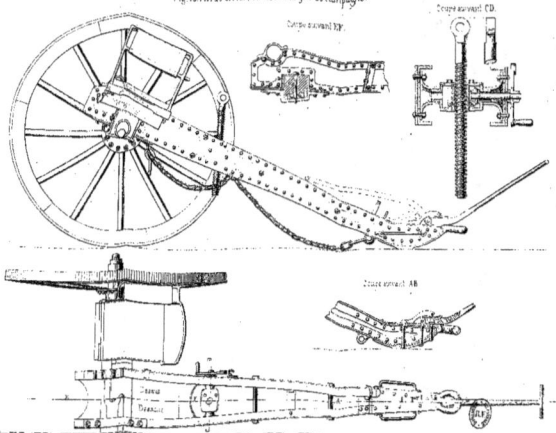

Coupe suivant EF.

Coupe suivant CD.

Coupe suivant AB.

nstrui

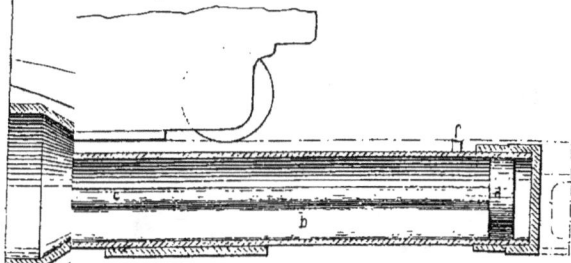

Fig 22 Gargousse pour le canon
Armstrong de 20 lw.

percussion

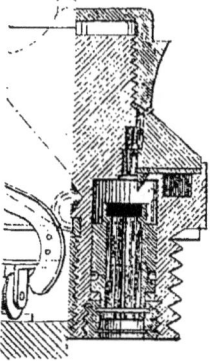

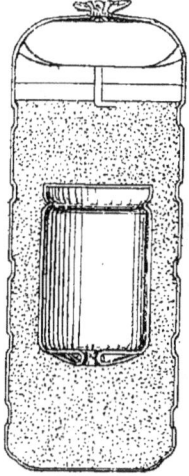

Fig 23. Fusée de guerre système Hale

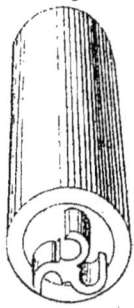

Fig. 14 Frein à lames écullées

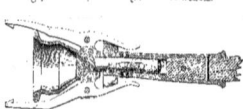

Fig. 15 Instrument de serrage du cône Maleech

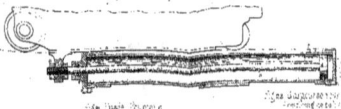

Fig. 16 Frein hydraulique

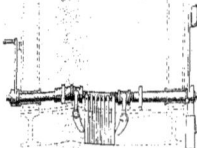

Fig. 16 Affût Moncrieff

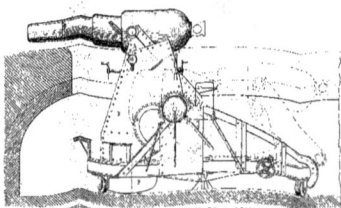

Fig. 17 Fusée Boxer

Fig. 20 Fusée Pettman

Fig. 21 Disposition du canon

Fig. 22 Fusée Armstrong à double réaction

Fig. 23 Fusée Armstrong à double réaction à percussion

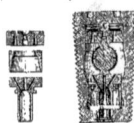

Fig. 25 Bourrelet mi-quadrillé

nel B Boulet Palliser de 10 p'   Fig.31.Obus à segments de 40 liv.($\frac{1}{4}$)

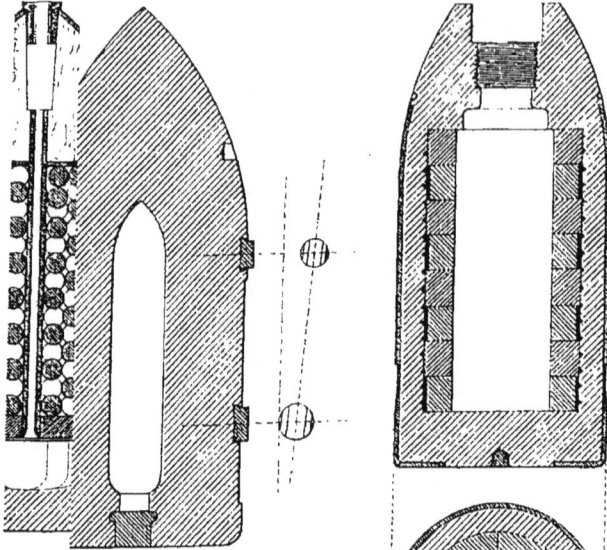

rachute.

Fig.35 Shrapnel sphérique à diaphragme.

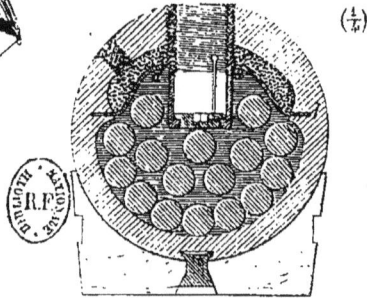

($\frac{1}{4}$)

Fig.24 Shrapnel de 9 p.°   Fig.25 Obus ordinaire de 9 p.°   Fig.26 Shrapnel Boxer de 7 p.°   Fig.27 Obus ordinaire de 7 p.°   Fig.28 Double Shell de 7 p.°   Fig.29 Obus Palliser de 10 p.°   Fig.30 Boulet Palliser de 10 p.°   Fig.31 Obus à segments de 40 liv. (½)

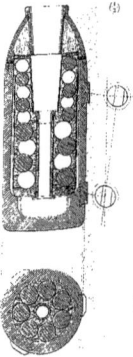
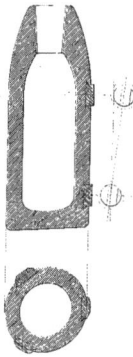
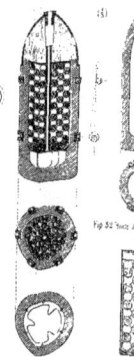

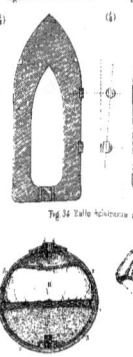
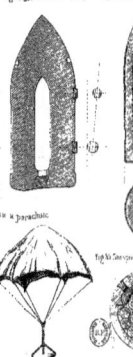

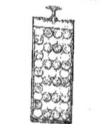

Fig.32 Tube à balistite (½)

Fig.34 Balle éclairante à parachute

Fig.33 Corceau

Fig.35 Sangue ordinaire à parachute (½)